Auch wenn es oft
anders scheint:
Ich bin
sehr wichtig
für meine
Schüler.

Meine Schüler
sind nicht nur
Schüler,
sondern
Menschen.

Ich sehe bewusst
hinter die Fassade
des negativen
Schülerverhaltens,
hinein in
die kleine, zarte
Seele.

Wenn ich mich für
meine Schüler inter-
essiere und sie genau
beobachte, kann ich
Wertvolles über sie,
ihre Interessen und
Potentiale erfahren.

Die Beziehung
zwischen
Schüler und
Lehrer ist das
A und O.

Die gesellschaftlichen
Bedingungen machen
den Lehrerberuf
schwerer denn je.
Ich versuche, so gut
ich kann, mit ihnen
umzugehen.

Jens Meyer

HEIDEMARIE BROSCHE | JEANETT KASTEN

Mehr Gelassenheit und Achtsamkeit im Schulalltag

So können wir es packen

Cornelsen

DIE AUTORINNEN

Heidemarie Brosche entschied sich nach dem Abitur ganz bewusst für den Beruf der (Hauptschul-)Lehrerin. Nach einer Pause, in der sie sich ihren drei Söhnen und dem Aufbau ihrer Autorinnentätigkeit widmete, unterrichtet sie bereits wieder seit vielen Jahren als Lehrerin an einer bayerischen Grund- und Mittelschule. Gleichzeitig arbeitet sie erfolgreich als Kinder-, Jugend- und Sachbuchautorin.

Jeanett Kasten studierte nach dem Abitur an der Pädagogischen Hochschule Berlin und an der Freien Universität Grundschulpädagogik. Sie arbeitet seit vielen Jahren an einer Kreuzberger Grundschule im sozialen Brennpunktbereich. Sie hat vier Töchter.

Projektleitung: Gabriele Teubner-Nicolai, Berlin
Redaktion: Marion Clausen, Berlin
Umschlagfoto: © Friedberg - Fotolia.com
Umschlaggestaltung: Ungermeyer, Berlin
Illustrationen: Klaus Pitter, Wien
Layout/technische Umsetzung: LemmeDESIGN, Berlin

www.cornelsen.de

1. Auflage 2015

Druck: CPI – Clausen & Bosse, Leck

ISBN 978-3-589-16045-7

Inhalt gedruckt auf säurefreiem Papier aus nachhaltiger Forstwirtschaft.

Inhalt

Vorwort 7

1 *Wir sind Helden*
ODER **Die heutigen gesellschaftlichen Bedingungen** 9
- 13 Faktoren, die es uns Lehrkräften heute schwer machen 11
- Bedenke das Gewicht dieser Faktoren, ehe du Frust über „die Schüler von heute" schiebst! 19
- Bedenke das Gewicht dieser Faktoren, ehe du mit dir selber haderst! 21

2 *Wir sind superwichtig*
ODER **Die Lehrerrolle** 23
- Sei dir bewusst, wie wichtig deine Rolle ist! 24
  - Du als Lehrperson 25
  - Du als Lerncoach und Berater 25
  - Du als Mensch 26
- Mach dir deine Einstellung bewusst! 29
- Wie ist deine Stimmung heute? 31
- Bedenke, wie wichtig gerade DU bist! 33
- Sei authentisch! 35
- Sei präsent! 39
- Stehe deinen Schülern mit einem gepflegten Äußeren gegenüber! 41
- Tritt in Distanz zu dir selbst! 42
- Nutze den Erfahrungsschatz deiner Kollegen! 44
- Schon mal die Schüler gefragt? 47
- Löse dich bewusst von eingefahrenen Mustern! 48
- Bleib engagiert, aber gib dich nicht selbst auf! 50
- Lass dich durch Häme nicht runtermachen! 51

3 *Sie sind wertvolle Unikate*
ODER **Die Schülerrolle** 53
- Betrachte Schüler als Menschen! 54
- Würdige auch individuelle Lernfortschritte! 57
- Knüpfe an die Interessen der einzelnen Schüler an! 59

- Fördere die Bereitschaft, sich zu engagieren, und honoriere Engagement! . . . 61
- Versuche, Hingabe zu wecken! . . . 63
- Mach dich auf die Suche nach dem Potential deiner Schüler! . . . 64
- Überdenke deine Einstellung zum Thema „Fehler“! . . . 66
- Betrachte die Schule mit den Augen deiner Schüler! . . . 68

4 *Natürliche Feinde*
ODER **Die Beziehung zwischen Lehrer und Schüler** . . . 71
- Sorge für ein gesundes Miteinander! . . . 72
- Nimm Auseinandersetzungen nicht so ernst! . . . 75
- Hüte dich vor den Feinden der guten Beziehung! . . . 78

5 *Was wirklich hält*
ODER **Die Nachhaltigkeit des Lernens** . . . 81
- Was *bleibt* von deinem Unterricht längerfristig in den Köpfen der Schüler? . . . 82
- Was *sollte* von deinem Unterricht längerfristig noch in den Köpfen der Schüler sein? . . . 85

6 *Wie es ihnen gefällt*
ODER **Schule als Lebensraum** . . . 87
- Betrachte die Schule nicht nur als Lernanstalt und Arbeitsplatz, sondern als Lebensraum! . . . 88
- Betrachte diesen Lebensraum auch mit den Augen der Schüler! 92

7 *Ohne sie gäbe es nichts zu beschulen*
ODER **Die Bedeutung der Eltern** . . . 95
- Tu alles für eine regelmäßige und positive Kommunikation mit den Eltern! . . . 96
- Sei nachsichtig mit den Eltern, wenn sie Fehler machen! . . . 100

8 *Zwei Seelen in einer Brust* ODER **Helfen trotz Notenzwang** . . . 103

Nachwort . . . 110

Literaturtipps . . . 112

Glossar . . . 114

Vorwort

Liebe Kollegin, lieber Kollege,

mit diesem Buch möchten wir dir helfen, den beruflichen Alltag mit mehr Gelassenheit zu bestehen, und dir Mut zu einem Perspektivenwechsel machen.
Ob du das Buch selbst gekauft hast oder ein wohlwollender Mensch es dir geschenkt hat: Nutze die Chance und nimm dies als wichtigsten ersten Schritt zur Verbesserung.

Die zwei großen **L – Leiden** und **Lamentieren** – sind ja nicht die einzig möglichen Reaktionen auf all die Widrigkeiten, die der moderne Lehreralltag so mit sich bringt. Wir meinen: Zwei andere **L – Lächeln** und **Locker-Bleiben** – bieten eine wunderbare Alternative!

Wir wissen: Vieles von dem, was uns belastet, ist tatsächlich vorgegeben – im System Schule, in den gesellschaftlichen Rahmenbedingungen. Wir wollen nichts beschönigen, nichts klein reden. An diesen Dingen können wir im Schulalltag kaum etwas ändern.
Aber etwas liegt auch in unserer Hand – nämlich, wie wir mit diesen Gegebenheiten umgehen. Ob wir uns ärgern lassen, ohne dass es etwas bringt. Ob wir uns freuen können, auch wenn der Erfolg minimal ist. Ob wir bereit sind, die Perspektive zu wechseln, über den Tellerrand zu blicken, uns selbst nachsichtig zu behandeln.

Wir Autorinnen haben die Lehrerweisheit nicht mit Löffeln verschlungen, bringen aber einiges als Expertise mit:

- Gemeinsam haben wir 50 Jahre Lehrerinnen-Erfahrung auf dem Buckel.
- Wir denken – jede für sich – seit Beginn unserer Lehrtätigkeit viel über Schule nach.
- Wir tauschen uns aus: miteinander, aber auch mit vielen Lehrkräften aus allen Teilen der Republik und aus verschiedenen Schularten.
- Wir stecken unsere Nasen gerne in fremde Schulen, die Neues wagen.

- Und nicht zuletzt verfolgen wir die aktuelle Diskussion über Schule in den Medien und informieren uns. Wir haben uns mit Gerald Hüthers Thesen zur Potentialentfaltung ebenso auseinandergesetzt wie mit Jesper Juuls Erkenntnissen zur Bedeutung von „Beziehung". John Hatties Untersuchungsergebnisse und die Reaktionen darauf haben wir ebenso zur Kenntnis genommen wie den Hype um Richard David Prechts „Anna, die Schule und der liebe Gott".

Wir tun all dies und finden: Es ist ein Gebot der Stunde, hilfreiche Gedanken und Erkenntnisse zu bündeln und sie so aufzubereiten, dass möglichst viele Lehrkräfte erreicht und entlastet, unterhalten und informiert werden. Wir wollen nicht, dass du dich mit Zuständen abfindest, die dir nicht passen. Aber solange diese Zustände herrschen, sollten wir alle nicht krank davon werden. Übrigens: Auch wenn wir im Buch immer wieder forsch zur Befehlsform greifen – es liegt uns fern, dich mit Ratschlägen zu traktieren. Betrachte unsere Gedanken bitte als Denkanstöße!
Wenn dieses Buch es schafft, dass du, liebe Kollegin und lieber Kollege, deinen Lehreralltag gelassener und achtsamer meistern kannst, dann haben wir unser Ziel erreicht.

Entschuldige, wenn wir dich vom Vorwort bis zum letzten Kapitel duzen. Uns schien es angenehmer und kollegialer so. Wir hoffen, du nimmst uns das nicht übel.

Dass wir weitgehend auf Weiblichkeitsformen verzichten, hat selbstverständlich keinen diskriminierenden Hintergrund. Wir möchten dir, liebe Leserin, lieber Leser, sprachliche Schwerfälligkeiten ersparen und hoffen auf Zustimmung.

Beim Umsetzen unserer Denkanstöße wünschen wir
viel Vergnügen und Erfolg!

September 2014
Heidemarie Brosche und Jeanett Kasten

1 *Wir sind Helden* ODER **Die heutigen gesellschaftlichen Bedingungen**

„Mit unserer Welt ist es in den letzten Jahren bergab gegangen!“ Kommt dir dieser Klageruf bekannt vor? Ist er dir vielleicht erst kürzlich selbst über die Lippen gekommen?

Na ja, er stammt angeblich von einem ägyptischen Priester, der seinem Unmut mit den besagten Worten vor sage und schreibe 4000 Jahren Luft gemacht hat.

Doch selbst wenn er so alt wie die Menschheit selbst wäre, bleibt doch eines bestehen: Die Welt, vor allem die der Industriestaaten, ändert sich seit einigen Jahren so rasend schnell wie noch nie zuvor. Und jede dieser Veränderungen löst wieder neue Veränderungen und Wechselwirkungen aus.

Dies müssen alle Menschen aushalten – große wie kleine, alte wie junge. Manche mögen den schnellen Wechsel begrüßen, manche fühlen sich eher bedroht. Eine Bevölkerungsgruppe ist aber grundsätzlich ganz besonders „Kind ihrer Zeit“ – und das ist unsere Klientel: die Kinder und Jugendlichen.

Ein Steuerberater muss sich mit der neuesten Gesetzgebung auskennen, eine Ärztin sich über aktuelle Forschungsergebnisse informieren, ein Bäcker muss auf den neuesten Brotgeschmack reagieren, eine Barkeeperin angesagte Cocktailtrends ausprobieren … Sie müssen es tun und können die Änderungen gut oder schlecht finden. Sie müssen es tun, können ihren Beruf aber relativ (!) unverändert ausüben, auch wenn sie „das Neue“ eher mies finden.

Wir Lehrerinnen und Lehrer aber haben es tagaus, tagein mit den Wesen zu tun, die Kinder ihrer Zeit sind. Die alles Neue quasi mit der Muttermilch aufgesogen haben und es als das Selbstverständlichste der Welt ansehen. Wir haben keine Chance, „ohne mich!“ zu sagen. Wir können uns nicht einfach zurückziehen, sondern wir müssen den gesellschaftlichen Bedingungen und deren Auswirkungen auf Kinder wie Eltern mutig ins Auge blicken.

Weil dies so ist, schenkt unser Buch – als Einstieg – genau diesem Punkt ein ganz besonderes Augenmerk.

Denn wenn wir wissen, *was* es uns so schwer macht, haben wir einen Schritt der Reflektion bereits hinter uns gebracht. Wir brauchen uns nicht mehr so ausgeliefert zu fühlen, aus dem dumpfen Unbehagen wird eine strukturierte Auseinandersetzung.

Was also ist schuld daran, dass

- so viele Lehrkräfte ihren Beruf nicht mehr gerne ausüben bzw. sogar krank werden,
- selbst engagierte Lehrkräfte den Schulalltag heute als extrem anstrengend empfinden,
- schon junge Lehrkräfte, die hochmotiviert beginnen, sehr schnell an ihre Grenzen stoßen,
- Erfolge im erzieherischen wie im unterrichtlichen Bereich so erscheinen,
- Probleme – ständige, heftige, verschiedenartige – ein selbstverständlicher Bestandteil des Schulalltags sind?

13 Faktoren, die es uns Lehrkräften heute schwer machen

1 Schnelle und andauernde Veränderungen der Lebensbedingungen

Die Lebensbedingungen in der modernen Gesellschaft verändern sich rasend schnell. Was heute *in* ist, gilt morgen schon als veraltet. Was gestern für Beachtung sorgte, ist heute langweilig. Fähigkeiten, die erworben werden, sind womöglich bald schon unnötig. Auch beruflich kann kein junger Mensch planen, was er in ein paar Jahren oder Jahrzehnten arbeiten wird. Es weiß einfach keiner, welche Bedürfnisse – dank weiterer rasanter Veränderungen – in der Zukunft befriedigt werden müssen.

AUSWIRKUNGEN AUF SCHULE

Die schnellen Veränderungen verlangen Lehrkräften ein enormes Maß an Flexibilität ab. Sie müssen sich immer wieder auf Neues einlassen und sich damit auseinandersetzen. Es ist heute viel schwieriger als früher, den Schülern klar zu sagen, was für ihr zukünftiges Leben wichtig ist.

2 Vielzahl von Unterhaltungsmedien

Vor allem junge Menschen sind medial umzingelt und haben dadurch fast mehr virtuelle als echte Erlebnisse. An die Stelle von Herausforderungen, die Kinder und Jugendliche noch vor wenigen Jahren in der realen Welt bestehen mussten bzw. durften, sind zum Beispiel die Herausforderungen der Online-Games getreten. Der Allmacht der Unterhaltungsmedien kann sich kaum ein junger Mensch entziehen. Sie fesseln, entfalten eine ungeheure Sogwirkung, beanspruchen Zeit, „besetzen" das Hirn.

Dank Smartphones gibt es für viele Jugendliche in der Freizeit auch kaum mehr Phasen, in denen sie in Ruhe an einer Sache dranbleiben. Es macht ununterbrochen *pling,* auch wenn ein Gedanke noch nicht zu Ende gebracht, eine Arbeit noch nicht abgeschlossen ist. Interrupt-gesteuertes Leben ist heute Normalität.

AUSWIRKUNGEN AUF SCHULE

Medienkompetenz zu vermitteln, ist ein erklärtes Ziel der Schule, aber in der Ausführung schwierig. Eher fühlen sich Lehrkräfte den Medien gegenüber hilflos und ausgeliefert. Auch in die Schule schwappen Unterhaltungsmedien trotz Handy-Verbots. Die Folgen: Unkonzentriertheit, geringe Aufmerksamkeitsspanne, Unruhe … Für ein konzentriertes Erledigen von Hausaufgaben stehen die Zeichen schlecht. Lehrkräfte müssen zudem ununterbrochen auf der Hut sein: vor regelwidrig eingeschalteten Handys, vor verbotenerweise konsumierten Gewalt- oder Pornofilmen, vor heimlich aufgenommenen Filmchen aus dem Unterricht, die in Sekundenschnelle ins Netz wandern, vor Cybermobbing gegen Schüler und Lehrer …

3 Das Internet mit Informations- und Bilderflut

Alle Menschen stehen heute einer ungeheuren Informations- und Bilderflut gegenüber. In „Jedes Kind ist hoch begabt" schreibt Gerald Hüther 2012: „Die heutige Generation hat dreimal so viele Informationen zu verarbeiten wie die Menschen vor 30 Jahren."

Wie weit sich dies noch steigern lässt, weiß vermutlich keiner. Gerade die Jüngeren aber sind dieser Flut am heftigsten ausgeliefert. Auch gewaltverherrlichende Darstellungen stehen der jungen Generation dank Internet ohne ernsthafte Hürden zur Verfügung. Was einmal seinen Weg ins Hirn gefunden hat, lässt sich nicht einfach löschen.

AUSWIRKUNGEN AUF SCHULE

Kinder und Jugendliche, deren Köpfe derart unter Beschuss stehen, kann man nicht so leicht unterrichten. Auch die Möglichkeiten des Cybermobbings schaffen in den meisten Schulen Unruhe und Konflikte.

4 Schlafmangel

Nächtliches Spielen am PC oder an der Konsole ist auch möglich, wenn die Eltern längst im Bett liegen und ihren letzten Kontrollgang hinter sich gebracht haben. DVDs oder Filme übers Internet lassen sich heute viel leichter nachts anschauen als früher. Selbst wer brav im Bett liegt, kann sich dank Smartphone noch lange die Zeit vertreiben – und nicht das tun, was er tun sollte: schlafen. Auch Jugendliche, die alle Geräte ausschalten, schlafen nicht automatisch tief und erholsam, wenn ihr Gehirn jede Menge Reize zu verarbeiten hat.

AUSWIRKUNGEN AUF SCHULE

Unausgeschlafene, übermüdete Schüler zu unterrichten, ist ein Akt der Verzweiflung.

5 Gesundheitliche Defizite

Für viele junge Menschen führt die mediale Umzingelung zu Bewegungsmangel. Sie verbringen ihren Tag in erster Linie sitzend, brauchen für Erlebnisse und Abenteuer kaum Muskeln zu betätigen, bauen so keine Kondition auf und scheuen körperliche Anstrengungen wie der Teufel das Weihwasser.

Dazu kommt, dass freier Lebensraum für Spiele und Kindheitsabenteuer – gerade in den Städten – enorm zurückgegangen ist.

Auch die Tendenz, Fastfood zu sich zu nehmen und den Durst mit Softdrinks zu stillen, scheint derzeit zuzunehmen. Selbst gewissenhafte Eltern fühlen sich oft überfordert, da sie als Verbraucher gar nicht wissen können, welche unerwünschten und schädlichen Stoffe in Nahrungsmitteln stecken.

Und es nehmen psychische Probleme bei Kindern und Jugendlichen zu, weshalb viele junge Menschen bereits in Therapien sind und/oder Psychopharmaka verschrieben bekommen.

AUSWIRKUNGEN AUF SCHULE

Die Sportlehrer klagen zunehmend über die Abnahme der Leistungen allgemein. Immer mehr Schüler erreichen kaum Siegerurkunden bei den Bundesjugendspielen oder können im Schwimmen noch nicht mal mehr das „Seepferdchen" vorweisen. Auch in den anderen Fächern muss von uns Lehrern beständig gegen Trägheit und einen gewaltigen „inneren Schweinehund" angekämpft werden.
Es ist auch nicht auszuschließen, dass schulische Auffälligkeiten – zum Beispiel zappeliges, unkonzentriertes, apathisches Verhalten – im weitesten Sinne der Ernährung geschuldet sind.
Und was die psychischen Erkrankungen angeht: Menschen mit nicht-heiler Seele lernen natürlich weniger leicht und gerne.

6 Konsum-, Spaß- und Style-Gesellschaft

Wir leben in einer „Spaßgesellschaft", in der Bildung an sich nicht von Haus aus positiv bewertet wird. Für viele Menschen und vor allem Jugendliche stellt es dagegen einen extrem hohen Wert dar, gut auszusehen, gut gekleidet und frisiert zu sein und Spaß zu haben. Dies wird ihnen medial auch von vielen Seiten suggeriert. Konsum wurde zum zentralen Bestandteil der Jugendkultur.

AUSWIRKUNGEN AUF SCHULE

Es ist sehr schwierig, gegen diese Kultur, die Anspruchsdenken und Unzufriedenheit schafft, anzukämpfen. Schule hat dem wenig entgegenzusetzen.

7 Weg von der Pflichterfüller-Mentalität, hin zu großer Eigenständigkeit

Dieser Punkt klingt positiv und ist es auch. Heute steht nicht mehr Dressur und brave Pflichterfüllung auf dem Erziehungsprogramm, sondern als Ziel von Erziehung gilt die verantwortungsvolle, starke Persönlichkeit, die kreativ ist und selbstständige Entscheidungen treffen kann. Unsere Jugendlichen tun nicht automatisch, was Eltern und Lehrer ihnen sagen. Noch einmal: Dies ist

positiv! Dass Untertanengeist und Duckmäusertum ausgedient haben, ist ein Grund zu großer Freude.
Nicht selten schlägt das Pendel heute aber in die andere Richtung aus, was zu Respektlosigkeit gegenüber allem und jedem führen kann. Und da beginnt es, schwierig zu werden.

AUSWIRKUNGEN AUF SCHULE

Lehrkräfte, die obrigkeitshörige Schüler unterrichteten, hatten es erheblich leichter mit Disziplin und Wissensvermittlung als heutige Lehrer, die sich den Respekt erst „verdienen“ müssen und oft sogar auf Schüler treffen, die von ihren Eltern auf Respektlosigkeit gegenüber Lehrkräften getrimmt werden.

8 Veränderung der Familienstrukturen

Viele Kinder und Jugendliche leben mit alleinerziehenden Elternteilen, was zu Überforderung führen kann, oder in Patchworkfamilien, was Konflikte generiert. In vielen Familien – vor allem aus der bildungsferneren Schicht – gibt es so große Probleme, dass Kinder und Jugendliche zu früh und in unangemessener Weise Verantwortung übernehmen müssen, was bis zur Parentifizierung führen kann, sprich: Die Rollen werden vertauscht, die Kinder übernehmen anstelle der Eltern und oft auch für die Eltern die Verantwortung.

AUSWIRKUNGEN AUF SCHULE

Das häusliche Durcheinander sowie eine gewisse Bindungsunsicherheit tragen die Schüler mit in die Schule. Für familiär überforderte junge Menschen tritt Schule von der Bedeutung her gewaltig zurück. Sie haben ganz andere Sorgen.

9 Starke Verunsicherung der Erziehenden

Nach den großen Strömungen der autoritären und der antiautoritären Erziehung und weiteren Theorien über das richtige Erziehen sind viele heutige Eltern stark verunsichert und werden von ihren Kindern auch als unsicher wahrgenommen. Kulturelle und religiöse Wertevorstellungen sind im Umbruch und erschweren den Eltern, Entscheidungen zu treffen. Diese Unsicherheit zeigt sich oft als Hilflosigkeit einer Elterngeneration, die ihren Kindern wenig Halt geben kann, und als Bereitschaft, die Kinder eher wenig mit Grenzen zu konfrontieren bzw. ihnen alle Schwierigkeiten aus dem Weg zu räumen.

Viele Eltern sind auch zeitlich in der Bredouille und spüren selbst so viel Druck, dass sie weder Zeit noch Kraft haben, Erziehungsarbeit zu leisten, die unter heutigen Bedingungen besonders kraftraubend ist.

AUSWIRKUNGEN AUF SCHULE

Wenn junge Menschen ohne klare Grenzen groß werden oder grundsätzlich in Schutz genommen werden, wirkt sich dies negativ auf schulisches Arbeiten aus. Wer zu Hause keine klaren Regeln und Strukturen erlebt, ist von den Ansprüchen und Forderungen der Schule überrascht, überfordert und zunächst auf Gegenwehr aus. Die Schule muss dann erst die Grundlagen dafür schaffen, dass Unterricht überhaupt möglich ist.

10 Wachsende Migration

Unsere Gesellschaft ist eine Einwanderungsgesellschaft geworden. Das zunehmende Miteinander vieler verschiedener Kulturen bringt Positives, zieht aber auch Probleme nach sich. Viele Menschen, vor allem junge, fühlen sich hin- und hergerissen zwischen den Werten der Kulturen. Zuwanderer stammen zudem aus ganz unterschiedlichen gesellschaftlichen Schichten.

AUSWIRKUNGEN AUF SCHULE

Viele Schüler mit Migrationshintergrund haben sprachliche Defizite, sie fühlen sich unsicher, was Werte und Normen betrifft, oft kommen familiäre Konflikte oder Schwierigkeiten wie Erwerbslosigkeit dazu. All diese Probleme bringen sie mit in die Schule.

11 Schere zwischen Arm und Reich

Diese Schere klafft gerade in Deutschland weit auseinander, wie Untersuchungen gezeigt haben. Was nichts anderes heißt, als dass die Armen immer ärmer und die Reichen immer reicher werden. Auf der Seite der „Armen" herrschen vielfach dumpfe Konsumhaltung, Trägheit, Perspektivlosigkeit, Arbeitslosigkeit. Die zunehmende Verlagerung von Produktionsstätten in Niedriglohnländer hat einen Mangel an passenden Arbeitsplätzen für weniger Qualifizierte zur Folge.

AUSWIRKUNGEN AUF SCHULE

Schülern aus Familien, die keine Chance sehen, es durch Leistung „nach oben" zu bringen, mangelt es an einer gesunden Leistungsorientierung. Kinder, die in solchen Haushalten aufwachsen, haben keine bildungsfreundliche Umgebung und kaum Vorbilder, die ihnen Anstrengungsbereitschaft und Engagement vorleben.
Tugenden wie Pünktlichkeit, Zuverlässigkeit, Höflichkeit werden nicht automatisch erworben. Wir Lehrer sind davon in mehrfacher Hinsicht betroffen: Wir leiden zum einen selbst unter dem Mangel an diesen Tugenden, weil es eben nicht leicht ist, mit unpünktlichen, unzuverlässigen und unhöflichen jungen Menschen zu arbeiten. Zum andern sehen wir uns in der Pflicht, den Schülern diese Tugenden beizubringen, was nicht einfach ist, wenn das Elternhaus nicht mitzieht.
Und schließlich können wir unseren Schülern nicht versprechen, den ersehnten Arbeitsplatz zu bekommen, wenn sie sich nur ordentlich anstrengen, was oft einen gewaltigen Motivationsverlust zur Folge hat.

12 Das Motto „Der Stärkere siegt"

Wissenschaftler konstatieren eine Zunahme von Selbstbezogenheit (Narzissmus) und eine Abnahme von Empathie. Tendenziell bestimmen die Stärkeren die Spielregeln, Schwäche wird eher ausgenutzt und negativ bewertet. Wo es gilt: „Da wäre ich ja blöd, wenn ich das nicht ausnutzen würde", sind auch Höher- oder Hochgestellte oft keine Vorbilder, sondern greifen mit vollen Händen zu und verschaffen sich auf Kosten anderer Vorteile.

AUSWIRKUNGEN AUF SCHULE

Wenn Jugendliche mit dem Gefühl groß werden, es sei eine Schwäche, nicht der Stärkste und Tollste zu sein, wenn sie Häme als akzeptables Mittel im Umgang mit Mitmenschen erleben, wenn sie sich nicht in andere hineinversetzen, sondern nur um sich selbst und ihr Wohlergehen kreisen, geht dies gewaltig auf Kosten ihrer Sozialkompetenz. Was wir Lehrkräfte dann eben in der Schule zu spüren bekommen.

13 Inklusion im Unterricht umsetzen

Auch Deutschland hat die UN-Vereinbarung unterschrieben, die besagt, dass Inklusion ein Menschenrecht ist. Inklusion bedeutet „Zugehörigkeit“; jeder Mensch soll barrierefrei und gleichberechtigt Zugang zu allen gesellschaftlichen Bereichen und damit auch zum Bildungswesen haben. In allen Bundesländern werden deshalb seit einigen Jahren Voraussetzungen für inklusive Schulen geschaffen, in denen Kinder mit und ohne Bedarf an sonderpädagogischer Unterstützung gemeinsam unterrichtet werden. Dieser Prozess ist noch lange nicht abgeschlossen, aber es gibt bereits jetzt viele inklusive Klassen mit Schülerinnen und Schülern, die eine individuelle und besondere Förderung brauchen. Meist haben die Eltern ein Wahlrecht, ob ihr Kind eine allgemeine Schule oder eine Förderschule besuchen soll.

Egal, wie man dazu steht, ob Kinder besser in homogenen oder heterogenen Gruppen gefördert werden können – eines ist sicher: Inklusion in der Schule ist eine große Herausforderung für Lehrerinnen und Lehrer.

AUSWIRKUNGEN AUF SCHULE

Wenn in einer Klasse auch Kinder mit sonderpädagogischem Förderbedarf sitzen, muss die Lehrkraft für jedes Kind – zusätzlich zur normalen Arbeit – einen individuellen Förderplan entwickeln und nach diesem arbeiten. Meist ist sie für diese anspruchsvolle Aufgabe nicht ausgebildet. Je nach Bundesland arbeiten in inklusiven Klassen zumindest zeitweise Teams aus Regel- und Förderschullehrern. Eine konstruktive Kooperation erfordert genaue Absprachen über die Aufgabenverteilung, die Unterrichtsentwicklung und vieles mehr.

An einigen Schulen gibt es ermutigende Erfolge, an anderen reichen die personellen und sonstigen Rahmenbedingungen nicht aus, um wirklich allen Kindern der Klasse – ob mit oder ohne Förderbedarf – gerecht zu werden.

Unbestritten ist, dass der inklusive Unterricht für die Lehrkräfte eine zusätzliche, schwierige Aufgabe bedeutet, die zur Belastung wird, wenn es an ausreichender Unterstützung fehlt.

Bedenke das Gewicht dieser Faktoren, ehe du Frust über „die Schüler von heute" schiebst!

SO DENKEN WIR MANCHMAL

Da brauche ich nichts zu bedenken, das weiß ich ohnehin, dass alles den Bach runtergeht. Ich kann nichts machen, bin hilflos, bin Opfer. Ich habe mit der heutigen jungen Generation so meine Probleme. Die sind einfach ganz anders. Mit denen habe ich – wenn ich ehrlich bin – nichts am Hut.

STOPP!

Du musst nun mal mit der jeweils jungen Generation arbeiten, das liegt in der Natur deines Berufes. Deine Arbeit mit den Jugendlichen wird umso erfolgreicher sein, je weniger Vorbehalte du gegen sie hast. Jede Generation muss ein Leben lang Änderungen ins Auge blicken – auch wenn ihr die nicht gefallen.

ACHTUNG, FALLE!

Falle 1: Dann entschuldige ich eben alles mit den heutigen gesellschaftlichen Verhältnissen. Die Schüler sind dafür nicht verantwortlich und deshalb kann man sie auch nicht dazu erziehen, Verantwortung für ihr Leben zu übernehmen.

Falle 2: Dann entschuldige ich eben alles mit den heutigen gesellschaftlichen Verhältnissen. Die sind mies und kontraproduktiv und deshalb kann man den Schülern auch nichts Ordentliches beibringen.

Wenn ein Lehrer sagt: „Ich sehe den gesellschaftlich bedingten Grund für so manches negativ scheinende Schülerverhalten", kann er darauf so oder so reagieren: Er kann als Konsequenz alles schleifen lassen oder er kann den Hebel relativ geschickt ansetzen, weil er die Ursachen hinter der Fassade des Schülerverhaltens sieht, und dies ist ein Riesenunterschied.

SO KANN ES GEHEN

Wenn dich deine Schüler durch Unaufmerksamkeit, Unkonzentriertheit, Unwilligkeit, mangelnde Motivation, mangelndes Sozialverhalten … nerven, bedenke: Für das Allermeiste, das schief läuft, trägt die junge Generation *nicht* die Verantwortung. Wenn es dir im Stress schwerfällt, diesen Gedanken zu fassen,

- schau in die Gesichter deiner Schüler. Mach dir bewusst, wie anstrengend ihr Leben ist, auch wenn du das, was sie so anstrengt, vielleicht weder verstehst noch billigst;
- stell dir bildlich vor, wie Hanna schon am Morgen für ihren kleinen Bruder sorgt, wie Yusuf heute Nacht wieder nicht vom PC wegkam, obwohl er es sich ganz fest vorgenommen hatte, wie Andreas den siebten Umzug in drei Jahren bewältigt hat, wie Phil seine depressive Mutter zu stützen versucht, wie Eva-Maria leidet, weil ihr Traumberuf „Bankkauffrau" in immer weitere Ferne rückt …;
- denk an deine eigenen Kinder und wie schwer es selbst dir als studiertem Pädagogen fällt, gegen alle Widrigkeiten der modernen Gesellschaft anzukämpfen.

Schraub deine Erwartungen herunter, weil du eben weißt, wie schwierig alles geworden ist, und versuche kleinste Erfolgserlebnisse wertzuschätzen. Freu dich, wenn

- Markus zum ersten Mal hellwach im Unterricht erscheint,
- Jurij seine körperliche Stärke nicht gegen, sondern für einen Mitschüler zum Einsatz bringt,
- Pia sich mit dir einen Meinungsaustausch liefert, ohne ausfallend zu werden.

Schaff Herausforderungen, die zu den heutigen Schülern passen.

- Bezieh nicht nur die Informations-, sondern auch die Unterhaltungsmedien in deinen Unterricht mit ein, indem zum Beispiel Konsolenspiele als Alternative zu Büchern in kleinen Referaten vorgestellt werden können oder indem du ohne Spott oder Ironie zulässt, dass Schüler über die Sogwirkung ihrer PC-Spiele berichten.

- Lass sie ihre Überlegenheit auskosten, wenn es um PC-Spezifisches geht, und bedanke dich für die Einweisung in die Technik der PowerPoint-Präsentation.

Versuche nicht, dich anzubiedern, aber zeig ihnen, dass auch du als Lehrkraft Verständnis für eine gewisse Spaßorientierung und Bequemlichkeit hast.

- Erzähl von der TV-Serie, die du liebst.
- Gib zu, dass du dich vor Lachen biegst, wenn du diesen einen Comedian hörst und siehst.
- Verhehle nicht, dass auch dir die Couch ein willkommener Ort ist.

Bedenke das Gewicht dieser Faktoren, ehe du mit dir selber haderst!

SO DENKEN WIR MANCHMAL

Ich kann es nicht mehr. Ich beherrsche meinen Beruf nicht mehr. Alles ist so schwierig und aussichtslos geworden. Ich kapituliere.

STOPP!

Dass du Schwierigkeiten hast, ist alles andere als überraschend.
Es ist nicht nur für dich schwierig. Es ist nicht dein individuelles Problem.
Viele Kollegen scheuen sich aber, ihre Schwierigkeiten zuzugeben.

SO KANN ES GEHEN

Mach dir immer wieder bewusst: Für vieles, was nicht gut läuft, trägst du nicht die Verantwortung. Du kannst nichts dafür, dass

- viele Schüler unmotiviert, unausgeschlafen, unerzogen … in die Schule kommen,
- viele Schüler aus schwierigen Verhältnissen stammen,
- die heutige Lebenswelt für die meisten Kinder und Jugendlichen nicht gerade eine „artgerechte Haltung“ ist,

- selbst angesehene Persönlichkeiten Verhaltensweisen an den Tag legen, die alles andere als vorbildhaft sind,
- immer weniger Kinder geboren werden und somit die Bedürfnisse der jungen Generation oft keine gesunde Würdigung erfahren,
- sich das Lebenskarussell immer schneller dreht,
- die Psyche vieler Menschen unter den gegebenen Bedingungen Schaden nimmt,
- ein Teil der Bevölkerung immer mehr ins Abseits gerät,
- Menschen via Medien ruhig gestellt und träge werden, sodass Eigeninitiative immer seltener wird,
- Gehässigkeit und Häme inzwischen sozial anerkannt sind.

Wenn du dich mit entspannt und erfolgreich auftretenden Lehrkräften vergleichst, sieh genau hin:

- Unterrichtet der Kollege wirklich unter gleich widrigen Umständen wie du?
- Macht er dir vielleicht etwas vor, weil er nicht schwach und angreifbar wirken möchte?

Wenn du dich mit älteren oder gar pensionierten Kollegen vergleichst, lies dir selbst laut und deutlich die Liste der 13 Faktoren aus dem vorigen Kapitel vor, die Lehrern heute das Leben schwer machen.

Wenn du verzagen möchtest, bedenke, dass man dich auf diese schwierigen Anforderungen selbst dann zu wenig vorbereitet hat, wenn man dich gut ausgebildet hat – weil sich eben alles so schnell verändert.

Klopf dir selber auf die Schulter: Es ist alles andere als ein Zuckerschlecken, den Lehrerberuf unter den heutigen Bedingungen mit Anstand und Engagement auszuüben. Du versuchst es immerhin!

2

Wir sind superwichtig ODER **Die Lehrerrolle**

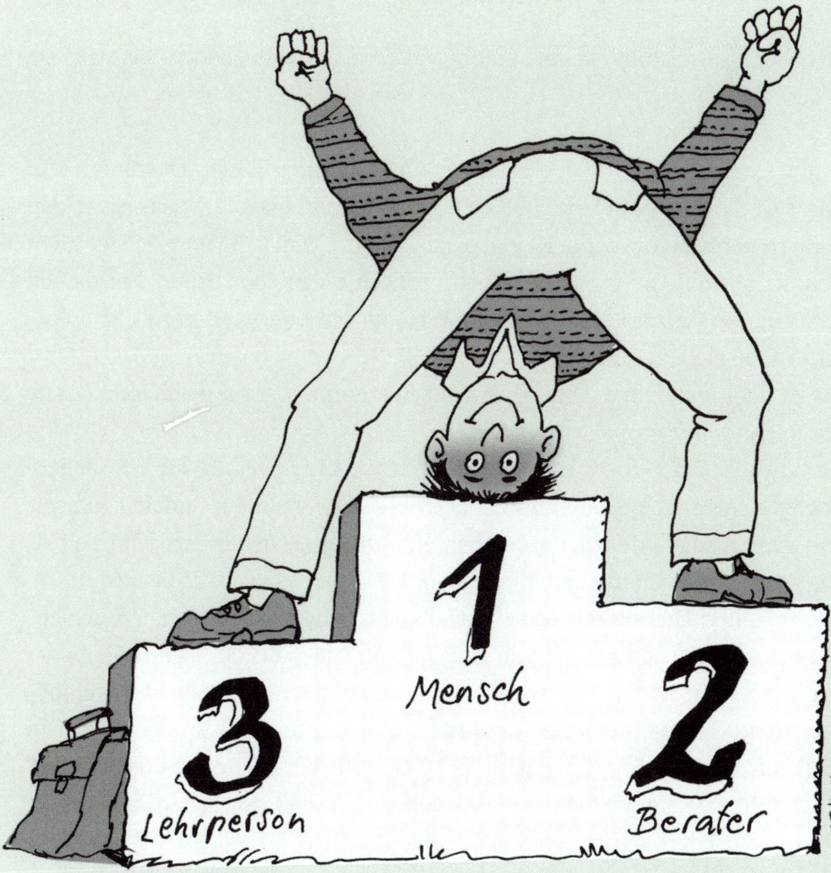

Sei dir bewusst, wie wichtig deine Rolle ist!

SO DENKEN WIR MANCHMAL

Wie bitte? Gleich im zweiten Kapitel dieses Buches solch ein Unsinn?! Das stimmt doch nicht. Meine Rolle ist kläglich unbedeutend. Ich mache und rödle den ganzen Tag, ich trete in den Hintern, ich erziehe, ich bilde, ich lehre – und am Ende habe ich wieder nichts erreicht!

STOPP!

Nicht alles, was sich für Lehrer deprimierend anfühlt, ist es auch.
Manches negativ Empfundene stellt sich – langfristig betrachtet – viel positiver dar.
Auch wenn uns Schüler keine Standing Ovations bringen, können wir wichtig für sie sein.

Ja, glücklicherweise ist deine gefühlte Wahrnehmung falsch. Es stimmt: Wir Lehrer sind oft gefrustet, weil so wenig von dem hängen bleibt, was wir den Schülern vermitteln wollen. Klar, die machen ihre Hausaufgaben wieder nicht akkurat, obwohl wir ihnen das doch wirklich eingebläut haben. Sie passen nicht auf, vergessen, schlagen sich die Köpfe ein oder werfen mit Schimpfwörtern um sich.
Was ist dann mit dem eigenverantwortlichen Lernen, ja gar dem Lernen ohne Lehrer, das so oft propagiert wird?
Ehe du dich selbst überflüssig fühlst, bedenke bitte: Gerade für schwächere Schüler bist du als Lehrer enorm wichtig. Je schwerer sie sich damit tun, Informationen aus Texten zu entnehmen, je weniger sie in der Lage sind, selbsttätig konstruktiv zu arbeiten, umso mehr brauchen sie dich als Lehrkraft.
„Wieso sollten Heranwachsende, zumal solche aus bildungsferneren Schichten, von sich aus all diesen Zivilisationskrempel jenseits der eigenen Lebenswelt interessant finden, den wir ihnen im Rahmen einer langen Allgemeinbildung zumuten? Das modische Gesäusel von Autonomie und Angebot mag in Akademikerohren ja verfangen, an den Schülern von heute geht das vorbei."
So schreibt Michael Felten, Gymnasiallehrer und pädagogischer Publizist, in der Süddeutschen Zeitung vom 9. Oktober 2012.

Kluge Leute wissen nicht erst, seitdem John Hattie, neuseeländischer Bildungsforscher und Professor, seine große Studie veröffentlicht hat:
Der Lehrer ist wichtig – und zwar

1. als Lehrperson,
2. als Lerncoach und Berater,
3. als Mensch.

Du als Lehrperson

So banal es klingt:

- Ein Lehrer, der seinen Stoff nicht mag, bringt ihn nicht gut rüber.
- Ein Lehrer, der seinen Stoff nicht beherrscht, bringt ihn nicht gut rüber.
- Ein Lehrer, der seinen Stoff nicht erklären kann, bringt ihn nicht gut rüber.

Ein Lehrer, der seinen Stoff mag und beherrscht, zeigt den Schülern zumindest, dass man sich für diese eine Sache, für dieses eine Fach begeistern kann. Selbst wenn es manchmal ein bisschen dauert: In irgendeiner Weise wirkt das Vorbild fort.
Ein Lehrer, der seinen Stoff darüber hinaus auch noch erklären kann, verschafft den Schülern immer wieder positive Erlebnisse: Ich checke, was der sagt!
Dieses positive Erlebnis führt vielleicht nicht sofort zu einer Leistungsexplosion, aber zu einer guten Stimmung. Konkret: Ein Lehrer, der Mathe gern mag, gut kann und gut erklärt, macht nicht aus 30 Schülern Mathe-Fans, aber er hinterlässt positive Spuren.
Das heißt umgekehrt auch: Lass Überflüssiges weg! Unterrichte klar und konkret. Fühle dich wohl in deiner Rolle und vermeide es, dich zu überfordern. Komm raus aus deiner Unsicherheit und lass deine ständigen Zweifel beiseite. Manchmal ist weniger mehr … und ein gelungenes Gespräch in der Klasse kann ein entscheidender Schritt sein.

Du als Lerncoach und Berater

Was kein PC der Welt kann, kann der Lehrer: Er sieht, wo es beim Schüler hapert. Er sieht es nicht nur, er bekommt es mit allen Sinnen und auf der ganzen Linie mit. Er ist Augenzeuge, wenn der Schüler vor Scham rot anläuft.

Er riecht sogar, wenn diesem der Schweiß ausbricht. Er ist mittendrin, wenn mehrere Schüler gemeinsam um den Stoff ringen – oder auch nicht.
Er kann ein Gespür dafür entwickeln, unter welchen Umständen dieser eine Schüler am besten arbeitet, oder dafür, warum er zurzeit so gar nichts tut. Er kann versuchen zu helfen, Tipps und Strategien anbieten, die seiner Meinung nach zu diesem Schüler passen. Er kann ganz schlicht mit dem Schüler sprechen und sich anhören, was dieser selbst zu seinen Lernproblemen zu sagen hat.
Er kann ihn beraten und mit ihm Vereinbarungen treffen, damit Lücken geschlossen werden, und ihn ermutigen, sich anzustrengen und durchzuhalten. Und vor allem: Er kann sich mit ihm freuen – auch über kleine oder nur Teilerfolge! Er kann derjenige sein, der an den jungen Menschen glaubt und ihm etwas zutraut. Das ist nicht wenig.

Du als Mensch

Ist der Lehrer dem Schüler sympathisch, lernt dieser lieber bei ihm als ohne Sympathie oder gar bei extremer Abneigung. Diese These wird durch die Praxis schon so lange und überzeugend bestätigt, dass wir getrost auf Forschungsergebnisse verzichten können.
Die Resilienz-Forschung aber sollten wir zur Kenntnis nehmen. In stark verkürzter Form und auf den Punkt gebracht:

- Menschen, die unter ungünstigen Umständen aufwachsen, müssen nicht vor die Hunde gehen.
- Menschen, die unter ungünstigen Umständen aufwachsen, können dank seelischer Widerstandskraft (Resilienz) einen guten Weg einschlagen.
- Menschen, die unter ungünstigen Umständen aufgewachsen sind und dennoch einen guten Weg eingeschlagen haben, verdanken diese seelische Widerstandskraft nach eigener Aussage oft *einer einzigen Person* in ihrem Leben. Einer Person, die ihnen in der entscheidenden Phase Halt gegeben hat.
- Und jetzt kommt das Wichtigste: Diese eine Person können auch wir Lehrer sein!

ACHTUNG, FALLE!

Falle 1: Wenn ich so wichtig für meine Schüler bin, muss ich mich ganz schön in Szene setzen.
Falle 2: Wenn ich so wichtig für meine Schüler bin, darf ich mir keinerlei Blöße geben.
Falle 3: Wenn ich so wichtig für meine Schüler bin, sollen die mir gefälligst auch huldigen.

Wir sind nicht wichtig, weil wir höhere Wesen mit dem Prädikat „unfehlbar!" sind, sondern als Menschen, die sich Mühe geben, die ihren Beruf ernst nehmen. Als Menschen, die sich selbst treu bleiben, ohne sich gehen zu lassen. Als Menschen, die verlässlich sind, indem sie zeigen, dass sie Vereinbarungen einhalten. Besonders für Kinder und Jugendliche, die wenig positive Erfahrungen damit haben, ist das sehr viel!
Authentisch zu sein, heißt eben auch, Fehler zu machen, den „richtigen" Weg vielleicht noch nicht zu sehen. Dazu gehört die Bereitschaft, mit den eigenen Stärken und Schwächen ehrlich umzugehen. So verliert man nicht seine Autorität, sondern schafft die Grundlage für Respekt und Vertrauen.
Huldigen werden uns unsere Schüler vermutlich nicht. Weil ihnen in den allermeisten Fällen nicht bewusst ist, was wir für sie tun. Weil sie erst viel später spüren, wie wichtig gerade dieser eine Lehrer für sie war. Das ist nun mal so in unserem Beruf: Wir dürfen nicht auf kurzfristige Erfolge hoffen. Wenn uns aber dennoch mal ein kleiner oder gar großer Triumph vergönnt ist, dann gibt es nur eine angemessene Reaktion: Freude! Die uns dann wieder über die nächsten scheinbaren (!) Niederlagen trägt.

SO KANN ES GEHEN

Nimm das Fach ernst, das du unterrichtest.

- Bilde dich fort! Nicht nur auf Lehrerfortbildungen, sondern auch durch entsprechende Lektüre, durch Fachgespräche, durch Fernsehsendungen, im Internet.
- Geh mit offenen Augen durch die Welt: Kannst du diesen Zeitungsartikel nicht wunderbar in die nächste Unterrichtseinheit einfließen lassen? Lässt sich das Konzert/Theater/Kabarett …, das du besucht hast, nicht

richtig gut für die übernächste Stunde verwerten? Gibt dir das Gespräch, das du mit deiner Familie geführt hast, nicht einen entscheidenden Impuls für die Lerneinheit im nächsten Halbjahr?

Mach dir bewusst, dass du auch dann positiv wirken kannst, wenn du selbst unzufrieden mit dir bist.

- Selbst wenn deine Kunststunde keine besonders guten Schülerergebnisse hervorbringt, so kann die positive Atmosphäre, die du geschaffen hast, viel nachhaltiger wirken.
- Selbst wenn der letzte Vokabeltest miserabel ausgefallen ist, kann die angstfreie Atmosphäre, die in deinem Unterricht grundsätzlich herrscht, bewirken, dass sich die Schüler im nächsten Anlauf doch noch anstrengen.

Nutze jede sich bietende Gelegenheit, etwas über Lerncoaching zu erfahren.

- Vermutlich hast du nichts davon in deiner Ausbildung zur Lehrkraft erfahren. Umso besser, wenn sich in deiner Nähe etwas darüber lernen lässt.
- Tausch dich mit Menschen aus, die gute Erfahrungen als Lerncoach und Berater gemacht haben. Vielleicht kannst du kostenlos etwas lernen.

Mach dir immer wieder bewusst, dass DU ein wichtiger Mensch im Leben eines Schülers sein kannst.

- Tatsächlich kann es ein einziger Schüler sein, für den du – auf seine Resilienz bezogen – rückblickend die entscheidende Person warst. Selbst dann warst du extrem wertvoll.
- Vermutlich aber werden es irgendwann viel, viel mehr junge Leute sein, denen du Halt gegeben, die du vielleicht sogar gerettet hast.
- Sei dir dieser wichtigen Rolle stets bewusst, selbst wenn dir das nie im Leben jemand rückmeldet. Vielleicht erzählt genau in diesem Moment ein junger Mann seiner Freundin, dass es damals diese so wahnsinnig nette Lehrkraft XY gegeben hat, ohne die er es nie bis hierher geschafft hätte. Vielleicht kommt er nicht auf die Idee, dich ausfindig zu machen und dir dies höchstpersönlich zu gestehen. Vielleicht traut er sich nicht. Vielleicht ahnt er nicht, wie sehr du nach positiver Verstärkung lechzt.

Wenn du mal wieder aus der Schule schleichst und das Gefühl des Scheiterns schwer auf deinen Schultern lastet, bist du vermutlich meilenweit davon entfernt, an die Wirksamkeit dieser Sätze zu glauben. Deine Chance aber ist es, sie immer und überall hervorzukramen, wenn du innerlich wieder bereit bist. Weil dir dies vermutlich nicht leicht fällt, hier zum Abschluss noch eine kleine Geschichte, die eine von uns selbst vor Kurzem erlebt hat: Bei einem Vortrag zum Thema „Schule" – vor total gemischtem Publikum – wies sie genau auf die Punkte hin, die du in diesem Kapitel lesen kannst. Nachdenkliches Schweigen machte sich breit. Besonders die Lehrer schauten misstrauisch. Bis sich ein junger Mann von ganz hinten meldete. „Das stimmt, was Sie da sagen", rief er in den Raum hinein, „bei mir war es genau SO! Ich hatte eine Scheißkindheit und eine Scheißjugend. Aber da war EIN Mensch, der hat mir Halt gegeben. Ohne den wäre ich vor die Hunde gegangen."
Immer dann, wenn du verzagen möchtest, denk dran: DU kannst (mit) dazu beitragen, dass ein Mensch nicht vor die Hunde geht.

Mach dir deine Einstellung bewusst!

SO DENKEN WIR MANCHMAL

Pah, meine Einstellung! Die geht ja nun wirklich niemanden etwas an. Die ist tief in mir drin. Wie ich eingestellt bin und wie ich mich verhalte, das sind zwei Paar Stiefel.

Jeder Mensch ist mit seiner ganz persönlichen Einstellung unterwegs. Diese Einstellung verändert und entwickelt sich im Laufe eines Menschenlebens. Sie prägt unser Handeln und unser Fühlen. Sie beeinflusst unsere Sicht auf die Mitmenschen.
Gerade wir Lehrer laufen Gefahr, in unserer Einstellung immer negativer zu werden. So viele Jahre, so viel Verdruss, so wenig Erfolgserlebnisse!

STOPP!

Eine negative Einstellung wirkt sich auch negativ aus.
Mit positiver Einstellung lässt sich etwas zum Guten bewegen!

ACHTUNG, FALLE!

Falle 1: Dann verstelle ich mich eben. Ich tu den Schülern schön, obwohl ich sie für grässliche Wesen halte. Ich mach einen auf quietschfidel. Ich geb die gut gelaunte Betriebsnudel. Ich zieh meine Mundwinkel mit Gewalt nach oben.
Falle 2: Dann bin ich eben neutral. Zu Schule und Schülern hab ich keine Einstellung. Dort arbeite ich, um Geld zu verdienen. Ich bin ein Profi und mache dies gut. Ich bereite meinen Unterricht anständig vor.

So tun als ob bringt nichts! Wenn du die Schüler in deinem Innersten als Sargnägel betrachtest, spüren sie das. Da hilft dir auch kein Lächeln. Wenn ihre Eltern für dich lästige Anhängsel der Sargnägel sind, kann die Elternarbeit nicht flutschen. Wenn du es dem Leben verübelst, dass es dich in diesem Beruf, an dieser Schule, bei diesen Kindern hat landen lassen, dann trägst du dies mit dir. Wenn du dich für etwas Besseres als die Dummis hältst, die du unterrichtest, kommt das als Abwertung rüber.

SO KANN ES GEHEN

Hinterfrag deine Einstellung: Wie stehe ich zurzeit

- meinem Beruf,
- den Menschen in meiner nächsten Umgebung,
- meinen Kollegen,
- denen, die mir anvertraut sind – meinen Schülern,
- deren Eltern

gegenüber?

Was soll das, fragst du vielleicht? Geht es hier um inquisitorische Selbstzerfleischung? Nein, geht es nicht! Aber glaub uns bitte: Die Einstellung, mit der du dich durch dein Lehrerleben manövrierst, schlägt sich in all deinen Lehrerhandlungen nieder. Natürlich kannst du nicht auf Knopfdruck deine Einstellung ändern. Aber du kannst sie reflektieren – ehrlich und kritisch. Und vielleicht bewegt sich dabei etwas in dir.
Versuche, an deiner Einstellung zu arbeiten, indem du bewusst denkst:

- Mein Beruf hat auch etwas Gutes.
- In meiner Umgebung findet sich mindestens ein netter Mensch.

- Unter meinen Kollegen sind auch ein paar angenehme Zeitgenossen.
- Es ist irgendwie auch eine Gnade, als Mensch, der von Sekunde zu Sekunde älter wird, immer und immer wieder junge Menschen um sich zu haben und somit nicht stehen zu bleiben.

Ganz klar: Die richtige Einstellung lässt sich nicht per Gesetz verordnen. Abgesehen davon, dass sich auch nicht messen und bestimmen lässt, was die „richtige" Einstellung ist. Mach dir bitte etwas ganz Einfaches bewusst: Wenn deine Schüler spüren, dass du im Inneren auf ihrer Seite bist, dass du sie nicht verachtest und nicht geringschätzt, dann nehmen sie auch Dinge von dir an, über die sie erst mal meckern. Dann verzeihen sie dir auch echte „Klöpse". Dann halten sie zu dir, wenn du mal unter Druck bist.

Wie ist deine Stimmung heute?

SO DENKEN WIR MANCHMAL

Meine Stimmung ist wichtig? Jetzt wird es mir zu persönlich. Wenn ich schlecht drauf bin, bin ich es eben. Ich bin auch nur ein Mensch.

STOPP!

Natürlich kannst du nicht auf Kommando gut gelaunt sein, aber du kannst dich bemühen, deine schlechte Stimmung nicht wie ein Abwehrschild vor dir herzutragen.
Stimmung ist ansteckend. Du bist der Mensch, der für gute Stimmung oder gar einen Stimmungsumschwung sorgen kannst.

Ach ja, es ist viel verlangt, gut gelaunt ins Klassenzimmer zu treten. Und es ist eine glatte Überforderung, dies tagaus, tagein, Stunde für Stunde zu tun.
Aber schau dich mal aufmerksam um: Möchtest du gerne von Herrn Mir-ist-eine-Laus-über-die-Leber-gelaufen unterrichtet werden? Würdest du dich auch nur minimal auf den Unterricht mit Frau Alle-sind-immer-gegen-mich-und-das-lasse-ich-die-Menschheit-auch-spüren freuen?

ACHTUNG, FALLE!

Du kannst deinen Beruf mit guter Stimmung, aber negativer innerer Einstellung ausüben, z. B. indem du auf cool und witzig machst, aber den Schülern keine wirkliche Wertschätzung entgegenbringst.

SO KANN ES GEHEN

- Versuche, prinzipiell gute Laune und nicht Miesepetrigkeit zu verströmen, wenn du in ein Klassenzimmer trittst.
- Wenn es dir einfach zu schlecht geht, um gut gelaunt aufzutreten, versuch wenigstens so zu tun, als seien dir Unterricht und Schüler nicht zuwider.
- Vielleicht kannst du in Ausnahmefällen und in besonderen Lerngruppen auch mal offen zugeben, dass dir eine kleinere oder größere Laus über die Leber gelaufen ist und dass deine schlechte Stimmung rein gar nichts mit der Klasse und dem Unterricht zu tun hat.
- Vermeide aber, den Schülern dein Innenleben auszubreiten. Manches müssen, sollen und möchten sie einfach nicht wissen.
- Versuche es mit der alten Methode „Wie man in den Wald hineinruft …". Wenn du zwar nicht fröhlich, aber freundlich auftrittst, kann die zurückempfangene Freundlichkeit deine Stimmung vielleicht sogar heben.
- Versuche es auch mit der Methode: „Ich lächle, obwohl mir nicht zum Lächeln zumute ist", denn
  - dein Lächeln kann deine eigene Laune heben,
  - dein Lächeln kann bei den Menschen deiner Umgebung etwas Positives bewirken.

Bedenke, wie wichtig gerade DU bist!

SO DENKEN WIR MANCHMAL

Das ist jetzt aber der allerletzte Quatsch! Der Lehrer an sich ist schon unwichtig geworden. Und ich selbst – bin doch total austauschbar. Ob ich die Rechtschreibregeln an den Schüler bringe oder Herr Becker, ob ich die Formeln erarbeite oder Frau Wiesemann, ob ich mit denen einen Unterrichtsgang unternehme oder Frau Kurz – ist doch so was von egal.

STOPP!

Gerade DU bringst irgendetwas mit in die Schule, mit zu den Schülern, das kein anderer bieten kann – einfach deshalb, weil es dich nur einmal gibt.
Auch wenn es im Alltag untergeht: Selbst Kleinigkeiten deiner individuellen Lehrerpersönlichkeit können positive Spuren hinterlassen.
Nicht nur Schüler müssen sich, um gut gedeihen zu können, als selbstwirksam erfahren. Auch Lehrern vergeht die Freude an ihrem Beruf, im Extremfall gar am Leben, wenn sie das Gefühl haben, nichts bewirken zu können, wenn sie ihre Tätigkeit als sinnlos empfinden. Vielleicht denkst auch du manchmal: Der Kollege X oder die Kollegin Y – ja, die bewirken etwas, aber ich, ich sollte besser zu Hause bleiben und Topfpflanzen züchten. Damit könnte ich vielleicht etwas bewirken.

SO KANN ES GEHEN

Schau dich selbst sehr genau an, blicke bewusst auf deine Persönlichkeit, auf deine Stärken und Ressourcen. Überleg also,

- was deine Herkunftsfamilie an dir mochte, gut fand,
- was deine jetzige Familie an dir mag, gut findet,
- was deine Freunde an dir mögen, gut finden,
- bei welchen Gelegenheiten du dich als tüchtig und selbstwirksam empfindest.

Reflektiere deine Gesamttätigkeit als Lehrkraft, nicht nur die als Mathematiklehrer oder als Pausenaufsicht. Vielleicht bewirkst du – ohne dass es dir bisher bewusst wurde – viel mehr, als du denkst, z. B.

- durch deine Herzlichkeit – immerhin kann es sein, dass sie einer unbekannten Anzahl von Schülern in der Seele gut tut, ohne dass sie es dir je sagen;
- durch deine Selbstdisziplin – immerhin kann es sein, dass du so für eine unbekannte Anzahl von Schülern ein Vorbild bist, das positiv abfärbt, ohne dass du es je erfährst;
- durch deine Leidenschaft für ein Hobby, zu dem du dich bekennst und das die Schüler nicht zu interessieren scheint – immerhin kann es sein, dass eine unbekannte Anzahl von Schülern so die Kraft der Leidenschaft an sich kennenlernt.

Gewöhne dir an, auch auf dich und deine Tätigkeit bezogen die Devise „Weg von der Defizitorientierung!" anzuwenden.

- Blicke auf Unterrichtsstunden und andere Lehrertätigkeiten zurück und konzentriere dich in deiner Rückschau bewusst auf die positiven Aspekte – und seien sie noch so winzig.
- Mach dir ab und zu die Mühe, nach einem Lehrertag eine rein positive Bilanz aufzuschreiben. Notiere also nur, was in deinen Augen gut lief, und ignoriere die negativen Dinge.
- Gönne dir auch mal den Spaß, dir selbst eine Laudatio zu schreiben, im Sinne von „Unermüdlich nimmt sie täglich aufs Neue den Kampf gegen die Widrigkeiten des Lehreralltags auf. Großer Respekt gebührt ihr insbesondere für ihr Bemühen, auch stille und unscheinbare Schüler nicht zu übersehen …".

Wenn du dich in einem Tief befindest oder ganz einfach das Gefühl hast, Hilfe könne dir und deiner Problemlösekompetenz gut tun, scheu dich nicht, Supervision oder Coaching in Anspruch zu nehmen. Klar, viele Kollegen tun dies nicht, weil sie es für ein Eingeständnis von Schwäche und Versagen halten. Dabei zeigt ein Mensch ja genau dann Stärke, wenn er den kritischen Blick von außen zulässt.

Sei authentisch!

Manchmal geht es im Lehrerleben so hoch her, dass man selbst nicht mehr weiß, wer man eigentlich ist. Der Strenge, Konsequente? Die Nette, Verstehende? Der Lustige? Die Unnahbare?

SO DENKEN WIR MANCHMAL

Stimmt, manchmal frag ich mich: Verflixt, wer bin ich? Wie möchte ich sein? So wie die attraktive Neue, die mit ihrem Charme Kollegen wie Schüler ganz easy auf ihre Seite zieht? So wie der sportliche Typ, der einfach nur die Trillerpfeife schwenkt und schon stehen die Kerle Gewehr bei Fuß? So wie die ältere Kollegin, die dank Erfahrung und Wesensart von allen respektiert wird? So, wie ich selber bin, gebe ich mich schon mal lieber nicht. Erstens wäre das viel zu langweilig, und zweitens mach ich mich angreifbar. Die Schüler sollen auf keinen Fall wissen, wie ich wirklich bin.

STOPP!

Verstellung wird entlarvt!
Ehrlichkeit wird belohnt!

ACHTUNG, FALLE!

Vielleicht denkst du jetzt: Ja gut, wenn Authentizität so wichtig ist, dann gebe ich mir in Zukunft nicht mehr so viel Mühe mit meinem Auftreten vor der Schülerschaft.

Falle 1: Wenn ich authentisch sein soll, brauche ich mich nicht zu beherrschen. Dann bin ich eben wirklich immer so, wie ich bin. Schrei rum, wenn ich gereizt bin. Hau dem, der mich beleidigt hat, ein Schimpfwort an den Kopf. Lege mich einfach aufs Lehrerpult, wenn mir der Nachtschlaf fehlt.

Falle 2: Wenn ich authentisch sein darf, brauche ich meine Handlungen nie zu hinterfragen.

Ich hab einen Schüler angeschrien, weil ich durch Kopfschmerzen, Frust und Ehekrise am Limit war? Ich hab die süße Kleine aus der ersten Bank ein kleines bisschen bevorzugt, weil sie mir halt einfach besonders sympathisch ist?

Ich spreche schnell – auch wenn die Schüler mir manchmal ganz schlecht folgen können? Pah, ich bin eben so!

Zwischen „authentisch sein“ und „sich gehen lassen“ liegen Welten. Authentisch sein heißt nicht, den Schülern dein unschönstes Gesicht zu zeigen. Du bist Profi, du wirst dafür bezahlt, dass du mit Schülern anständig umgehst und ihnen – so gut es geht – etwas beibringst.

SO KANN ES GEHEN

Sei du selbst, aber lass nicht die Sau raus.

- Mach dir bewusst, wie und wer du bist. Denk über die Facetten deiner Persönlichkeit nach, die in deine Tätigkeit als Lehrer ganz besonders einfließen.
- Mach dir bewusst, welche deiner persönlichen Schwächen dir deinen Beruf schwer machen. Üb in diesem Rahmen deinen Beruf aus, so gut es eben geht.
- Versuche, die Dinge, die du nicht gut kannst, möglichst selten im Zusammenhang mit deiner Lehrertätigkeit zu tun. Dazu kann natürlich gehören, dass du deinem Chef oder dem Stundenplan-Team gestehen musst, dass deine Physikkenntnisse lausig sind, dass deine Turnhallen-Phobie dich seit der Schulzeit nie verlassen hat, dass du zwar exakt, aber überhaupt nicht kreativ arbeiten kannst. Wenn es gut geht, musst du nur Fächer unterrichten, in denen du souverän bist.
- Das kann auch bedeuten, dass du innerhalb der Fächer, die du unterrichtest, bestimmte Dinge eher meidest. Wenn du eine schreckliche Schrift hast, lass das mit den Tafelbildern! Bereite zu Hause in Ruhe eine Folie oder eine PowerPoint-Präsentation vor. Wenn du keine Ordnung halten kannst, denk dir ein Schultaschen-System aus, das dir hilft, z. B. mit farbigen Sichthüllen. Wenn du schusselig bist, übergib die Schachtel mit den Reißnägeln grundsätzlich dem zuverlässigsten Schüler. Wenn du ein ruhiger, eher introvertierter Typ bist, bereite keine Stunden vor, in denen DU die Rampensau spielen musst.
- Wenn du zum Kreischen, zum Zutexten, zum Zynismus neigst, arbeite an diesen Schwächen!

Aber mach dir noch viel mehr bewusst, welche ganz persönlichen Stärken deiner Tätigkeit vor und mit den Schülern gut tun. Versuche, mit den Dingen, die du gut kannst, möglichst oft deine Lehrertätigkeit aufzuwerten.

- Wenn du es liebst, vor Publikum kleine, lebhafte Vorträge zu halten, dann ist das ein Pfund, mit dem DU wuchern kannst.
- Wenn du gut erzählen kannst, dann erzähl, so oft es möglich ist.
- Wenn du wunderbare Tafelbilder hinbekommst, visualisiere auf diese Art!

Akzeptiere, dass ein Lehrer, und damit auch du selbst, Fehler haben und machen darf. Wenn du etwas als Lehrer tun MUSST, was du nicht gut kannst, gräm dich nicht, sondern versuche nach Möglichkeit, die Schüler auf deine Seite zu ziehen, ohne dich anzubiedern. „Na seht ihr, das ist mir wunderbar misslungen! Nicht nur ihr habt Misserfolgserlebnisse!" Schüler lernen dabei! Zum Beispiel, dass auch ein Mensch mit Studienabschluss nicht perfekt ist. Zum Beispiel, dass es nicht schrecklich und kein Grund zum Verzagen ist, wenn man etwas nicht gut kann. Zum Beispiel, dass es das Normalste der Welt ist, dass nicht jeder Mensch alles kann.
Gräm dich auch nicht, wenn du als Lehrer etwas versemmelt hast. Ja okay, die Gleichung wäre ganz anders zu lösen gewesen. Verzeih dir! Du warst heute nicht konzentriert. Ja, du hast bei der Rechtschreibung danebengegriffen. Verzeih dir! Du warst der im Physiksaal, der die Sache zum Überkochen/Brennen/Explodieren gebracht hat? Verzeih dir! Hättest du das Experiment nicht gewagt, wäre nichts passiert, aber die Tatsache, dass du es gewagt hast, war GUT.

Akzeptiere, dass du an manchen Tagen einfach nicht optimal bist als Lehrer.

- Klar, es ist enttäuschend, wenn man sich eigentlich für einen ganz guten Pädagogen hält und dann das Ziel der Stunde noch nicht mal annähernd erreicht. Oder wenn man eigentlich ein entspanntes Verhältnis zu den Schülern hat und sich dann wegen einer Lappalie verkracht. Oder wenn man gerade Literaturstunden so liebt und dann eine Langeweile-Stunde ersten Ranges präsentiert. Verzeih dir! Du konntest es einfach nicht besser an diesem Tag, in dieser Stunde, vor diesen Schülern.
- Sei gnädig mit dir und deinen Fehlleistungen, egal ob du die Ursache deiner Minderleistung kennst oder nicht. Eine Stunde kann schief gehen, weil du zurzeit schlecht drauf bist oder obwohl du zurzeit eigentlich gut

drauf bist. Vielleicht tröstet dich Joachim Kahlert, Direktor des Münchner Zentrums für Lehrerbildung an der Ludwig-Maximilians-Universität (LMU). Er spricht von etwa 80 Qualitätsmerkmalen, die einen „guten“ Lehrer ausmachen sollen, und fragt kritisch: „Welcher Mensch ist schon in der Lage, 80 an ihn gerichtete Anforderungen zu erfüllen?“

- Berücksichtige in deiner Verzagtheit über dich selbst auch die Tatsache, dass du auf viele Situationen, denen du dich in deinem Beruf stellen musst, nur kurz oder gar nicht vorbereitet worden bist.

Löse dich von der Vorstellung, es gebe nur den strengen oder den gutmütigen Lehrer. Du musst dich weder der einen noch der anderen Kategorie zuordnen. So viele Nuancen sind hier möglich! Du musst nicht streng sein, sondern klar! Denk dabei an die Magie der Ich-Botschaften.

- Trau dich zu sagen: „ICH möchte, dass ihr euch bei der Museumsführung benehmt.“ Trau dich, dies mit Nachdruck zu sagen, sodass auch dem letzten Unruhestifter klar ist: „Die/der meint das ernst.“
- Trau dich zu sagen: „Dass ihr euch bei der Museumsführung so gut benommen habt, hat MICH gefreut. Es ist zwar eure Pflicht als Schüler, Benehmen zu zeigen, aber für mich war dieser Ausflug eine große Freude.“
- Trau dich zu sagen: „Wenn du hier gegen einen anderen Schüler hetzt, stört mich das sehr. Ich kann es nicht leiden, wenn man einzelne Menschen ausgrenzt. Ich mag dich trotzdem, aber dieses Verhalten von dir finde ich inakzeptabel.“

Sei präsent!

SO DENKEN WIR MANCHMAL

Präsent? Noch präsenter kann ich nun wirklich nicht sein. Ich stehe da mit meinem Körper und meiner Seele vor den Schülern, kann mich nicht ducken und nicht verstecken, liefere kein E-Learning, sondern unterrichte „in echt" und bleibe auch dann noch, wenn es mir mies geht.

STOPP!

Ein Mensch, und damit auch ein Lehrer, kann sehr wohl anwesend, aber dennoch nicht präsent sein. Nur wer wirklich präsent ist, erreicht seine Umgebung.

SO KANN ES GEHEN

Mach dir bewusst, wie wichtig deine Körpersprache ist – deine Haltung, deine Atmung, deine Bewegungen, deine Mimik, deine Gestik.

- Wenn du das Gefühl hast, dass du da noch nicht so ganz fit bist, gönn dir eine kleine Schulung. Vielleicht findet sich ein passendes Fortbildungsangebot, vielleicht musst du dich selbst drum kümmern, vielleicht gibt es in deiner Stadt einen Schauspieler, der ein paar Stunden Körpersprache unterrichtet. Auf jeden Fall kannst du ein gutes Buch zum Thema lesen und versuchen, an dir zu arbeiten.
- Wenn du spürst, dass du dir ein paar Macken angewöhnt hast, die dich ärgern, glaub daran, dass du sie dir wieder abtrainieren kannst, und sei bereit, „ein Bewusstsein für die eigene Wirkung zu entwickeln und die blinden Flecken kennenzulernen", wie Caroline Krüll, Mitautorin von „Körpersprache – Das Trainingsbuch" empfiehlt.
- Schau bewusst deine Kollegen an: Sind sie in deinen Augen präsent oder nur körperlich anwesend? Was macht den Unterschied aus? Warum wirkt dieser große Kollege alles andere als präsent, wieso strahlt die kleine, ältliche Kollegin eine Riesenpräsenz aus? Nutz die Kollegen, um selbst dazuzulernen.

- Bitte einen Kollegen deines Vertrauens, bei dir zu hospitieren und dir ehrlich Rückmeldung zu geben.
- Beschäftige dich mit Körperhaltung, Körperspannung, achte darauf, wirklich fest mit beiden Beinen auf dem Boden zu stehen.
- Achte auf deine Mimik und Gestik. Lass dich auch hier von Fachleuten beraten und schulen, wenn du das Gefühl hast, das könnte deine Präsenz verbessern.

Beachte auch die Möglichkeiten der Stimme: Eintönigkeit schläfert ein, Schrillheit verschreckt, Dynamik fesselt. Gerade leises Reden kann Aufmerksamkeit erregen.

Achte darauf, deine Schüler spüren zu lassen, dass du sie siehst, jeden einzelnen.

- Unterrichte nicht einfach über die Masse der Klasse hinweg.
- Nimm immer wieder Augenkontakt mit einzelnen Schülern auf. Du musst dabei nichts sagen, ein Blick, eine Geste können Wunder bewirken.

Entwickle Sensoren für Schülerbeobachtungen und -urteile.

- Sei selbstkritisch, wenn du sie über irgendeine deiner Eigenarten miteinander lachen hörst.
- Sei nicht beleidigt, sondern nimm das Schülerurteil als Hilfe an. Vielleicht hampelst du wirklich vor der Klasse viel zu viel herum. Vielleicht fuchtelst du wirklich nervös mit deinen Fingern und verhinderst damit eine ruhige Präsenz.

Achte ganz besonders auf deine gesamte Körpersprache, wenn du vor eine *neue* Klasse trittst.

Stehe deinen Schülern mit einem gepflegten Äußeren gegenüber!

SO DENKEN WIR MANCHMAL

Ganz bestimmt werde ich wegen denen nicht zum Stylisten gehen oder mich unters Messer legen. Die müssen mich schon nehmen, wie ich bin bzw. aussehe.

STOPP!

Klar musst du dich wegen deiner Schüler nicht künstlich verschönern lassen. Aber bedenke, dass die Schüler deinen Anblick viele Stunden und viele Tage „genießen".

SO KANN ES GEHEN

- Versuche, immer gepflegt – das heißt nicht „geschniegelt" – in der Schule zu erscheinen. Hinter einem ungepflegten Äußeren steckt ja die Geisteshaltung: „Ihr seid es mir nicht wert."
- Wenn du weißt, dass im Laufe von sechs bis zehn Unterrichtsstunden bei dir Körper- und/oder Mundgeruch drohen, beuge vor, indem du dir einen Duft und ein paar Bonbons in die Tasche steckst.
- Bedenke, wenn du dich zurechtmachst, ob du für dich selbst ein angenehmer Anblick wärst.
- Denk dir nichts, wenn du zu klein, zu groß, zu dick, zu dünn bist, wenn deine Nase zu lang, dein Kinn zu fliehend, deine Haut noch immer unrein ist. Dies sind die Grundgegebenheiten, die dich vielleicht dazu gebracht haben, die Nöte von Schülern mit äußeren Unzulänglichkeiten besser zu verstehen.
- Sei aber nicht schockiert und fühl dich nicht verletzt, wenn du mitbekommst, dass Schüler sich über dein Körpergewicht, deinen Zinken, deine Falten … lustig machen. Es liegt im Wesen des Schülers, dass er über Lehrer lästert, dies zeigen sämtliche Paukerfilme. In den meisten Fällen ist es nicht böse gemeint.

- Wenn du weißt, dass du irgendeine körperliche Auffälligkeit hast, rechne von vornherein damit, dass die Schüler sie entdecken und auf ihre Art „verarbeiten“ werden.

Tritt in Distanz zu dir selbst!

Manchmal stecken wir vor lauter Stress ziemlich tief im Kuddelmuddel des Lehrerlebens. Es gibt schöne Redensarten für diesen Zustand: Wir schmoren im eigenen Saft. Wir saufen ab. Wir sehen nicht mehr über den Tellerrand. Wir kennen nur noch eine Perspektive: unsere eigene. Dies ist nicht gut!

SO DENKEN WIR MANCHMAL

Menno, ich steck da wirklich drin! Und jetzt soll ich mich auch noch kritisch selbst betrachten?! Das kostet Energie – und es kann schmerzhaft sein. Ich will nicht entsetzt über mein eigenes Verhalten sein. Das will ich mir ersparen. Und auf die Perspektive der anderen hab ich auch keinen Bock. Mir reicht meine eigene.

STOPP!

Bewusst in Distanz zu sich selbst und der eigenen Wahrnehmung zu treten, ist gesund!
Ein Perspektivenwechsel kann Wunder bewirken!

SO KANN ES GEHEN

Schau dir selbst beim Agieren zu.

- Versuche, diese Person von außen zu betrachten, die sich da täglich so abstrampelt. Zoll ihr Respekt. Sie versucht es doch immerhin. Sie gibt sich Mühe. Sie begibt sich täglich aufs Neue in die Höhle des Löwen.
- Nutze jede Gelegenheit, dich über dein eigenes Handeln zu amüsieren. Lach von Herzen, wenn du unfreiwillig eine „komische Nummer“ lieferst. Genieß die Situationskomik, die du deinen Zuschauern präsentierst, wenn du dich zum dritten Mal versprichst, wenn du über das Kabel stolperst,

wenn du die sorgfältig vorbereitete Probearbeit vergeblich in den Tiefen deiner Lehrertasche suchst. Fühl dich wie die Hauptfigur in einer Comedy.
- Versuche, die Perspektive der Schüler einzunehmen. Wie muss es sich für sie anfühlen, wenn ein Mensch als Fünfter an einem Vormittag so tut, als sei sein Fach das wichtigste des Fächerkanons? Wie könnte dein vorwurfsvolles Gesicht angesichts nicht erledigter Hausaufgaben, mangelhafter Mitarbeit oder ungenügend geputzter Tafel auf sie wirken, nachdem sie ein Schülerleben lang nichts anderes als vorwurfsvolle Gesichter abgekriegt haben?

Denk daran, wie deine nervenden Schüler dich in einem/fünf/zwanzig Jahren sehen könnten. Verabschiede dich vom Hier und Jetzt.
- Vergiss das maulende Wesen vor dir. Nimm den Faulpelz nicht ernst, der bei dir ein ganzes Schuljahr schon das Gefühl hervorruft, du seist unfähig, ihm Arbeitshaltung zu vermitteln. Ärgere dich nicht länger über die mangelhafte Mitarbeit des farblosen langen Kerls in der letzten Bank. Stell dir lieber vor, wie jeder der Drei seinen Platz im (Berufs-)Leben finden wird. Und das nicht zuletzt dank deiner guten Arbeit (die sie jetzt einfach nicht zu schätzen wissen können).
- Denk an Melissa, die damals so antriebslos war und dir jetzt in der Praxis deines Zahnarztes so beherzt das Lätzchen schnürt. Ergötz dich an dem zufälligen Zusammentreffen mit Igor, der damals nichts unversucht gelassen hat, dich aus der Reserve zu locken, und der dir jetzt versichert, du seist die beste Lehrkraft der Welt gewesen. Beruhige deine angeschlagenen Nerven mit der Tatsache, dass selbst Ali seinen Weg gemacht hat – Ali, dem du damals den Gnaden-Vierer in Mathe gegeben hast.

Nutze bewusst Situationen, in denen du dich plötzlich wieder in der Schülerrolle findest.
- Achte bei Fortbildungsveranstaltungen darauf, wie leicht du dich von deinem Nachbarn ablenken lässt.
- Beobachte dich im Volkshochschulkurs, wie du geistig wegdriftest, weil der da vorne so langweilig spricht.

- Gesteh es dir ein, wenn du von einer Veranstaltung, die du freiwillig besucht hast und für die du vielleicht sogar Geld bezahlt hast, mit großen Wissenslücken nach Hause kommst.
- Achte auf die Ausreden, die du dir einfallen lässt, um lästige (Haus-) Aufgaben nicht machen zu müssen.
- Nimm bewusst das Gefühl wahr, das sich einstellt, wenn du in einem Kurs nicht mit den anderen mitkommst, dem Kursleiter nicht folgen kannst.

Bitte Menschen, die dir wohlgesinnt und keine Lehrer sind, um eine ehrliche Rückmeldung,

- was an dir und deinem Verhalten inzwischen „typisch Lehrer" ist,
- wo du ihnen mit dem, was sie für „typisch Lehrer" halten, auf die Nerven gehst,
- wo sie sich vorstellen könnten, dass du Schülern auf die Nerven gehst bzw. vielleicht sogar Schaden anrichtest.

Nutze den Erfahrungsschatz deiner Kollegen!

SO DENKEN WIR MANCHMAL

Die Kollegen nutzen? Die sind doch selbst am Limit! Außerdem will ich niemanden benutzen.

STOPP!

Lass dir gesagt sein: Mit guter Kommunikation benutzt du deine Kollegen nicht! Im Gegenteil: Ihr profitiert alle beide.

Zunächst mal: Wenn du mit dem ganzen Kollegium prima zurechtkommst, wenn du mit einigen intensiv und gut zusammenarbeitest, dann kannst du dieses Kapitel getrost überspringen. Vielleicht magst du uns in einer kleinen Mail berichten, wie du dieses Wunder möglich gemacht hast.
Wenn es aber – in deinen Augen – mit der Zusammenarbeit hapert, geh die Sache offensiv an.

Ein paar Kollegen hast du bestimmt an deiner Schule, mit denen du ohnehin gut klar kommst. Das ist fein. Vermutlich gibt es aber noch einige, die von sich aus nicht auf dich zugehen, sich aber über Kommunikation ebenso freuen wie du.

ACHTUNG, FALLE!

Falle 1: Dann biedere ich mich zur Not eben an. Schleime mich ein, finde alles gut, nicke anerkennend, wenn die Kollegin von einer radikalen Strafmaßnahme berichtet, schimpfe mit auf die Schüler, biete meine eigenen Unterrichtseinheiten wie sauer Bier an.
Falle 2: Ich versuche, mich mit allen im Kollegium anzufreunden. Verabrede mich eben mal mit der und mal mit jenem. Bin bei jedem Treffen dabei. Lade mal den und mal die zu mir ein. Geh Kaffee trinken, wann immer sich die Gelegenheit ergibt.

Dass diese beiden Methoden zielführend sind, ist so wahrscheinlich wie das Zusammenfallen von Weihnachten und Neujahr. Du sollst auf jeden Fall zeigen, dass ihr auf einer Ebene seid! Wenn du dich klein machst, arbeitet ihr auf der falschen Basis.
Dein Ziel soll auch nicht sein, mit möglichst vielen aus dem Kollegium in herzlichem Kontakt zu stehen. Es müssen DIE RICHTIGEN sein.

SO KANN ES GEHEN

Schau dich sehr bewusst und sehr kritisch um: Wer von den Menschen, die zufällig mit dir an einer Schule gelandet sind, passt – wenn du ehrlich bist – *gar nicht* zu dir?

- Beschränke den Kontakt mit diesen Kollegen auf ein Minimum!
- Bedenke, wenn sich der Kontakt nicht vermeiden lässt – weil ihr auf einer Stufe oder in einer Klasse unterrichtet, weil ihr dasselbe Fach unterrichtet, weil ihr gemeinsam prüfen müsst …, dass du Profi bist. Arbeite anständig, aber nicht mehr als nötig mit solchen Kollegen zusammen.
- Wenn dir die Zusammenarbeit sehr schwerfällt, vergeude keine Energie mit Lamentieren, sondern sag dir selbst: Ich bin Profi, ich kann auch mit

dieser unangenehmen Situation angemessen umgehen – zum Wohle der Schüler.

Schau dich sehr bewusst und sehr kritisch um: Wer von den Menschen, die zufällig mit dir an einer Schule gelandet sind, passt – nach deinem eigenen Eindruck – *recht gut* zu dir, obwohl ihr bisher kaum Kontakt hattet?

- Geh auf diese Leute offensiv zu. Nutze jede sich bietende Gelegenheit für ein kollegiales Gespräch.
- Setz dich vor dem Unterricht/in der Pause/bei der Konferenz wie zufällig neben sie und klopfe sie ab: Sind sie am Kontakt ebenso interessiert wie du? Freuen sie sich, dass sie nun eine Person mehr an ihrer Seite haben, die sie stärkt?
- Schaff dir so ganz bewusst ein gut funktionierendes Netzwerk, eine Gruppe von Kollegen – die übrigens sehr klein sein kann –, auf deren Loyalität du dich verlassen kannst.

Pflege und hege die Beziehung zu den ausgewählten Kollegen, die dir *nahe sind.*

- Tausch dich mit ihnen über erzielte Erfolge aus, ohne anzugeben. Freut euch gemeinsam!
- Wage es auch, Misserfolge zu gestehen. Vermutlich werden diese handverlesenen Kollegen es auch zugeben, wenn bei ihnen was schief läuft. Baut euch gegenseitig auf!
- Lacht miteinander, wo es eher wenig zu lachen gibt. Das tut so gut!

Nutze jede sich bietende Gelegenheit zum Team-Teaching mit den ausgewählten Kollegen.

- Wenn du mal Zeit- und Kraftkapazitäten frei hast, biete deinem Kollegen doch einfach mal an, mit in seine Stunde zu kommen und ihn bzw. die Schüler zu unterstützen.
- Umgekehrt wird natürlich auch ein Schuh daraus. Frag deine Kollegin, ob sie mal Zeit und Lust hat, dich und deine Schüler im Unterricht zu unterstützen.
- Wenn ihr euch wirklich gut versteht, werdet ihr beide nicht auf Fehler des jeweils anderen lauern, sondern euch gegebenenfalls freundliche Impulse geben, wie sich etwas noch besser lösen lässt.

- Genieße das Gefühl, mal nicht als Einzelkämpfer vor der Klasse zu stehen. Immerhin seid ihr jetzt zu zweit *gegen* die Übermacht der Schüler. ;-)
- Genieße noch viel mehr das Gefühl, dass es schön ist, gemeinsam an einem Strang *für* die Schüler zu ziehen.

Bitte ausgewählte Kollegen in deinen Unterricht, um diesen zu verbessern.
- Sag ihnen konkret, worauf sie achten sollen.
- Sag ihnen, dass du sie nicht holst, weil du Standing Ovations erwartest, sondern weil du für hilfreiche Kritik dankbar bist.
- Nimm ihnen, wenn sie tatsächlich Kritik äußern, diese nicht übel. Klar, Kritik tut immer weh. Aber du wolltest es so. An dieser Kritik kannst du wachsen.

Wenn du wegen irgendeiner Sache in der Kritik stehst, suche dir bewusst Verbündete unter den ausgewählten Kollegen. Intrigiere nicht gegen deine „Gegner", aber sei gewappnet. Gemeinsam seid ihr stark. Wenn du Unterstützer hast, fühlst du dich nicht mehr klein und ausgeliefert.

Schon mal die Schüler gefragt?

SO DENKEN WIR MANCHMAL

Wie soll ich die denn nutzen? Die können nichts, die wollen nichts arbeiten, außerdem verliere ich Punkte, mache mich schwach und angreifbar, wenn ich ganz offen zeige, dass ich Hilfe brauche.

STOPP!

Sehr wohl können Schüler etwas besser als Lehrer – manche Schüler dies, manche jenes.
Wenn dein Verhältnis zu deinen Schülern stimmt, schwächt es dies nicht, sondern stärkt es, wenn du zulässt, dass sie dich unterstützen.

SO KANN ES GEHEN

Nimm aufmerksam wahr, wozu welche Schüler gut in der Lage sind, und setze sie ihren Talenten entsprechend ein.

- Überlass den Technikern die Technikarbeiten.
- Lass dir vom Mal-Genie bei der Tafelgestaltung helfen.
- Überlass den Ordnungsfans das Lochen und Sortieren der Arbeitsblätterstöße.
- Lass die Zuverlässige die unterschriebenen Elternbriefe und das Geld einsammeln.
- Lass die Grobmotoriker als Möbelpacker brillieren.
- Beuge mittels Schüler-Erinnerungsdienst deiner eigenen Vergesslichkeit vor.

Versuche, auch von den Persönlichkeiten und Eigenarten deiner Schüler zu profitieren.

- Lass den Klassenclown ein wenig Comedy machen, wenn es deiner Stimmung gut tut.
- Bitte den melancholischen, aber gedächtnisstarken Jungen, das Gedicht ein weiteres Mal vorzutragen, wenn du spürst, dass dies beruhigende Wirkung auf dich hat.
- Lass dir vom skurrilen Hobby eines Schülers erzählen, wenn du weißt, dass er sich über dein Zuhören freut und du selbst dadurch auf andere Gedanken kommst.

Löse dich bewusst von eingefahrenen Mustern!

SO DENKEN WIR MANCHMAL

Meine Güte, der Beruf ist so anstrengend! Jetzt soll ich auch noch an mir selbst arbeiten. Jeder weiß doch, dass wir in unseren Mustern gefangen sind und das umso mehr, je älter wir werden.

STOPP!

Wenn du die Energie zum Umdenken aufbringst, wird sich dies für dich lohnen! Vieles wird besser werden. Diese Energie wirst du dir an anderer Stelle sparen können.

Klar finden wir zunächst alles, was nach Mehrarbeit klingt, lästig. Aber genau genommen, kommt uns die Mehrarbeit irgendwann wieder zugute. Wir ärgern uns weniger, wir lamentieren weniger, wir sind seltener mit negativer Energie aufgeladen. So sparen wir Kraft. Und diese Kraft lässt uns die anstehenden Aufgaben gelassener anpacken.

Es hat keinen Wert, irgendetwas ohne innere Beteiligung zu tun. Wenn du überzeugt davon bist, dass du bisher alles richtig gemacht und gedacht hast, wenn du auch nach intensiver selbstkritischer Betrachtung deines eigenen Lehrerhandelns und nach intensiver bewusster Beobachtung anderer Lehrerpersönlichkeiten zu dem Schluss kommst: „Ich will mich nicht von meinen Mustern lösen", dann lass es!

Wenn aber nur ein kleines Fitzelchen Unsicherheit in dir ist, dann wag es! Überdenke deine Muster!

SO KANN ES GEHEN

- Schau den eingefahrenen Mustern ins Auge! Mach dir nichts vor.
- Gib zu, dass du Schüler mit einigen eintrainierten Sprüchen in Wirklichkeit nur klein machen willst.
- Gib zu, dass du aus Erschöpfung manchmal sehr negativ bist.
- Gib zu, dass du inzwischen immer wieder mal gerne in den Chor der Lamentierer einstimmst.
- Sei dir bewusst: Ja, es ist schwer, sich von eingefahrenen Mustern zu lösen. Ja, es ist ganz normal, dass du das nicht von heute auf morgen schaffst. Ja, es ist ganz normal, Hilfe anzunehmen.
- Zoll dir selbst Respekt dafür, dass du es dennoch anpackst.
- Hilf dir durch entsprechende Sprüche oder Bilder, die du dir an passenden Stellen aufhängst (siehe in diesem Buch vorn und hinten), in die Tasche steckst, auf dem Handy speicherst.

- Würdige jeden noch so kleinen Erfolg. Erinnere dich auch immer wieder an Positives. Wie schnell vergisst man eine gelungene Stunde, in der die Schüler mit Begeisterung und Eifer gearbeitet haben. Du denkst, Mitarbeit ist doch selbstverständlich … Klar, aber vor einigen Wochen hätte das noch nicht so gut geklappt.
- Auch der Blick für das Positive muss im wahrsten Sinne des Wortes trainiert werden. Ines und Betül zeigen eine interessante PowerPoint-Präsentation. Das ist auch ein Erfolg für *dich*. Zu Schuljahresbeginn hätte keiner geglaubt, dass sie das können. Genieße das Gefühl, ihnen geholfen und etwas beigebracht zu haben.
- Mach es dir zur Gewohnheit, am Ende eines Tages, am Ende einer Woche deine Erfolgserlebnisse Revue passieren zu lassen.
- Pflege den Kontakt mit Menschen, die dir helfen, dich von den Mustern zu lösen. Tut dir der Umgang mit einer bestimmten Freundin/einem bestimmten Freund gut, weil sie/er dich erdet und du wieder Abstand zu ungelösten Problemen oder Konflikten gewinnst, dann schaufle dir Zeit für euch frei.

Irgendwann wird dich ein großes Glücksgefühl überkommen – weil alles plötzlich spürbar besser läuft, weil du, obwohl du nicht mehr Erfolg hast, viel besser mit diesem Nicht-Erfolg umgehen kannst, weil der Austausch mit Menschen, die so ticken wie du, dich positiv auflädt.

Bleib engagiert, aber gib dich nicht selbst auf!

SO DENKEN WIR MANCHMAL

Das ist alles viel leichter gesagt als getan. Wenn du dich als Lehrkraft wirklich für deine Schüler engagierst, ist die Selbstaufgabe vorprogrammiert. Das frisst dich auf!

STOPP!

Engagement ist niemals dasselbe wie Selbstaufgabe – mach dir diesen Unterschied immer wieder bewusst.

SO KANN ES GEHEN

- Sei bereit, dich für eine ganze Klasse oder für einen einzigen Schüler einzusetzen, so gut es in deiner Macht steht. Aber betrachte dich und die Situation immer wieder aus der Distanz: Läufst du in die Selbstaufgabe-Falle? Erwartest du gar Dankbarkeit? Verschleißt du dich und deine Kräfte?
- Wenn dir dein Körper oder deine Psyche Überforderungssignale senden, schieb sie nicht weg, sondern nimm sie sehr, sehr ernst! Kopf- oder Bauchschmerzen, Schlafstörungen, hoher Blutdruck … – wenn du merkst, dass es dir zu viel ist oder wird, tritt auf die Bremse!
- Wenn dir das mit der Bremse schwerfällt, sag dir ganz klar: Meinen Schülern und meiner Schule ist kein bisschen gedient mit einer Lehrkraft, der die Puste ausgeht, die vor Überforderung ungerecht oder unleidlich wird, die vielleicht sogar auf einen Burnout zusteuert.
- Sag dir auch immer wieder vor: Ich brauche meine Kräfte für mich und meine unterschiedlichen Rollen im Leben – für meine Familie, für meine Beziehung, für meine Freunde. Nimm dir die Zeit dafür!
- Zieh Grenzen zwischen Beruf und Privatleben. Wenn du damit Probleme hast, hilf dir selbst, indem du
  - dir bewusst erfreuliche Freizeitbeschäftigungen verordnest, die nichts, aber auch gar nichts mit dem Lehrerberuf zu tun haben,
  - dich bewusst mit Menschen umgibst, die dir gut tun und dich vom Lehrerberuf ablenken.

Lass dich durch Häme nicht runtermachen!

SO DENKEN WIR MANCHMAL

Das ist viel leichter gesagt als getan. Wenn dir von allen Seiten ein Mangel an Wertschätzung und Respekt entgegenschlägt, kannst du dich dem nicht entziehen.

STOPP!

Ja, es ist wahr: Heutzutage sind Lehrer in der Gesellschaft nicht mehr so hoch angesehen wie früher. Viele Leute maßen sich ein Urteil über die blöden, faulen Lehrer an, obwohl sie keine Ahnung haben.
Egal, was Menschen über unseren Beruf sagen – wir haben ihn nun mal, wir geben uns in der Regel Mühe, wir machen ihn, so gut wir können. Und wir machen ihn auf jeden Fall besser, wenn wir uns nicht von hämischen Kommentaren runterziehen lassen.

SO KANN ES GEHEN

- Wenn dir mangelnde Wertschätzung als Lehrer entgegenschlägt, überleg zunächst, ob dies irgendwie begründet ist oder einfach aus Freude am Miesmachen erfolgt.
- Wenn du zu dem Schluss kommst, dass man dich ungerechtfertigt runtermachen will, überleg dir gut, wie du reagierst:
- Kannst du Spott und Häme mit ein paar knackigen Argumenten entschärfen, dann tu es. So trägst du immerhin mit dazu bei, dass kontraproduktive Vorurteile entschärft werden.
- Fällt es dir im Moment schwer, mit Argumenten zu kontern, dann lass die Häme an dir abprallen. Du weißt ja, dass sie nicht begründet ist. Ärgere dich nicht!

3

Sie sind
wertvolle Unikate
ODER
Die Schülerrolle

Betrachte Schüler als Menschen!

SO DENKEN WIR MANCHMAL

Ich bin Lehrer und habe zu unterrichten. Das Ergebnis ist dann eben die Leistung des Schülers. Und die soll möglichst gut sein. Dafür werde ich bezahlt.

- „Ist ja toll, dass Kevin so gut Fußball spielt, aber dieses Engagement sollte er lieber in der Schule zeigen."
- „Laura hat eine unglaublich hohe Sozialkompetenz, aber ihre schulischen Leistungen sind einfach ungenügend."
- „Igor kümmert sich neben der Schule um seine alte Großmutter. Der sollte sich lieber mal um die Schule kümmern!"

Hast du solche Sätze schon mal gehört, gedacht oder gesagt? Kein Wunder! Wenn Lehrer die schulische Leistung nicht hochhalten, wer denn dann?!

STOPP!

Wenn ein Schüler keine gute schulische Leistung erzielt, ist er dennoch unser Schüler und hat ein Recht auf Wertschätzung. Wenn ein leistungsschwacher Schüler wegen seiner mangelnden Leistung auch noch abgewertet wird, schwächt ihn dies zusätzlich. Wie mag sich ein Schüler fühlen, der nicht nur in der Schule, sondern auch noch zu Hause pausenlos vernimmt: „Du bist, so wie du bist, nicht gut genug!"?
Ein leistungsschwacher Schüler dürstet nach Anerkennung – egal, auf welchem Gebiet und egal, wie cool er tut. Du wirst nicht nur dafür bezahlt, Einser-Schüler zu produzieren.
Wer sagt, dass nicht-schulische Leistungen weniger wert sind als schulische? Wer sagt, dass überhaupt immer nur Leistung und angepasstes Betragen gewürdigt werden müssen?

Hat ein Mensch nur dann einen Wert, wenn er etwas leistet? Ist das wirklich deine Meinung? Und musst du, nur weil du als Lehrkraft in einer Schule arbeitest, ständig diesen doch recht willkürlichen Ausschnitt aus dem Portfolio „Schüler XY" im Auge haben?

Schüler sind keine Hochleistungsmaschinen, die beliebig oft und möglichst intensiv hochgefahren werden können. Ihre Leistungen zeigen sich auch auf ganz anderen Gebieten. Eine Zweitklässlerin bugsiert eine große Sahnetorte samt Papptellern und Servietten in die Schule, um ihren Geburtstag mit den Mitschülern feiern zu können. Mama und Papa konnten nicht helfen. Keine Leistung? Hat nichts mit Schule zu tun? Aber hallo!

Sheila weist eines Morgens freudestrahlend ein komplettes Federmäppchen mit angespitzten Stiften und dazu noch vollständige Hausaufgaben vor. Selbstverständlich? Nein!

Pascal springt Ugur, der so viel Kram in seine mittlerweile zentnerschwere Schultasche stopft, nach der Stunde mal eben zur Seite und hilft ihm beim Ausmisten – freiwillig, ohne Eigennutz und mit dem freundlichen Kommentar: „Im Aufräumen bin ich der King!" Nichts Besonderes? Nur mal eine Ausnahme? Nein!

Ist es nicht so, dass wir Lehrer manchmal vergessen, den Blick auf die kleinen, unscheinbaren Dinge zu richten? Die Dinge, die sich neben all den Zensuren, Leistungen und Anforderungen tun? Die Schüler aber spüren die Anerkennung im Ton der Lehrkraft, den freundlichen Blick. Ihre feinen Antennen sind dafür sehr gut ausgerichtet. Sie freuen sich und vielleicht zeigen sie dir das sogar. Und das Tolle: Ihre Freude kann ansteckend wirken.

Keine Frage: Leistung im Allgemeinen und schulische Leistung im Besonderen sind wichtig. Aber neben der Leistungsschiene gibt es so viel Unentdecktes.

SO KANN ES GEHEN

- Schärfe deinen Blick für das Unentdeckte, stelle ihn gegebenenfalls neu ein. Auch mit einer Fünf in Mathe kann jemand eine Persönlichkeit mit vielseitigen Facetten, Stärken und Schwächen sein. Nimm nicht nur die Leistung in den Schulfächern wahr, sondern auch auf den vielen anderen Gebieten! Schau bewusst, wer in der Schule zum Beispiel gut zuhören kann, andere mit seinen Witzen zum Lachen bringt oder der beste Tröster ist, wenn jemand verzweifelt.
- Interessiere dich auch dafür, was deine Schüler in anderen Bereichen, z. B. im Verein oder im Privatleben, leisten.

- Erinnere dich: Wurdest du/wurden deine Klassenkameraden auf ihre Schülerrolle reduziert? Wie fühlte sich das an?
- Stell dir vor, dein Bruder/Kind/Enkel/Neffe … würde in der Schule nur als Schüler wahrgenommen. Keinen würde interessieren, was für ein entzückender Unterhalter oder Babysitter oder Tröster dieser junge Mensch sein kann.
- Stell dir vor, die Schülerin, die heute früh so vollkommen unvorbereitet antritt,
  - hat in der Nacht unverschuldet schlecht geschlafen,
  - kämpft zurzeit mit gesundheitlichen Problemen,
  - leidet unter großem Kummer,
  - hilft zu Hause, wo sie kann,
  - leidet unter ihrer mangelhaften schulischen Leistung,
  - muss viel zu viel Verantwortung tragen …

  Und stell dir vor, du weißt nichts davon, weil sie das für sich behalten möchte, aber du erwartest von ihr *Leistung*.
- Denk an all die Menschen, die als Schüler nicht die Bohne brilliert und ihren Platz im Leben so wunderbar gefunden haben – egal ob finanziell erfolgreich oder mit ausgeglichener Seele. Wäre es wirklich nötig gewesen, all diese wertvollen Menschen ein Schulleben lang nur auf ihre Schülerrolle zu reduzieren?
- Denk an all dies, wenn du wieder mal einen jungen Menschen nur als Schüler wahrnimmst, einfach weil er deine Schule besucht oder gar dein Schüler ist.
- Denk an all dies auch, wenn du wieder mal in eine Klasse blickst und sie als „Klasse = Masse" wahrnimmst. Schau genau hin! Da sitzen lauter einzelne Menschen. Und auch wenn sie so tun, als seien sie sich ganz einig darin, dich zu ärgern – es sind Individuen, jeder Schüler für sich ein Mensch. Betrachte diesen einzelnen Menschen, betrachte ihn wohlwollend, versuche, dich in seine Situation zu versetzen.

Würdige auch individuelle Lernfortschritte!

SO DENKEN WIR MANCHMAL

Ich habe eine ganze Klasse vor mir. Ich muss einheitliche Noten geben. Und jetzt soll ich Individuen wahrnehmen und individuelle Lernfortschritte würdigen?! Das wird mir zu viel. Und ungerecht ist es obendrein.

STOPP!

Ehrlich gesagt, kann individuell gerechter sein, als alle über einen Kamm zu scheren.
Gerade bei den Fortschritten muss man als Pädagoge zu jedem Einzelnen genau hinsehen.

Zur Verdeutlichung darf ich dir eine Karikatur ins Gedächtnis rufen. Eine muntere Schar von Tieren – Vogel, Affe, Pinguin, Elefant, Goldfisch im Glas, Robbe, Hund – steht da aufgereiht in der Natur. Ein Mensch verkündet: „Damit es gerecht zugeht, muss jeder dieselbe Aufgabe bewältigen. Klettert auf diesen Baum!"
Stell dir für einen kurzen Moment den Pinguin vor und den Goldfisch, die Robbe oder den Elefanten. Stell dir vor, wie der Affe Sieger wird! Ist das gerecht?
Lies am besten auch noch die Geschichte „Wenn die Ziege schwimmen lernt" von Nele Moost (Beltz & Gelberg, 10. Aufl. 2013). Deutlicher kann man uns Lehrern nicht vor Augen führen, wie wir – ohne es böse zu meinen – dazu neigen, alle über einen Kamm zu scheren und wie verheerend sich das auswirken kann: „Am Ende des Schuljahres konnte kein Tier mehr etwas sehr gut. Alle hatten nur noch Dreien und Fünfen im Zeugnis. ‚Unsere Schüler sind einfach gänzlich unbegabt', sagten die Lehrer und schüttelten ihre Köpfe."
Wenn du es lieber kurz und bündig haben willst, hier ein Zitat, das Albert Einstein zugeschrieben wird: „Jeder ist ein Genie! Aber wenn du einen Fisch danach beurteilst, ob er auf einen Baum klettern kann, wird er sein ganzes Leben glauben, dass er dumm ist."

Und jetzt denk an deine Schüler: Der Sprachbegabte muss dieselbe Aufgabe bearbeiten wie der Handwerker, der Mathematik-Freak ebenso wie der wunderbare Gestalter.
Klar, du hast Recht. Wir können nicht jedem Schüler den zu ihm ganz persönlich passenden Unterricht bieten. Aber wir können unseren Blick für seine Fortschritte schärfen.
Manche Lernfortschritte kommen uns winzig klein vor. So klein, dass wir sie leicht übersehen. Und die dann auch noch würdigen? Womöglich mit Lob? Wenn nach gefühltem wochenlangem Üben ein paar Wörter endlich in den aktiven Wortschatz rübergerutscht sind? Ist das nicht übertrieben? Müssten Schüler im fünften Schuljahr nicht längst fit in der Rechtschreibung sein?

SO KANN ES GEHEN

- Fortschritte können sich auch in sehr bescheidener Form zeigen. Guck genau hin, erkenne sie und erkenne sie an!
- Versuche, jedem deiner Schüler Erfolgserlebnisse zu verschaffen, auch wenn sie noch so klein sind. Denke an die Macht der Selbstwirksamkeit. So nennen die Psychologen das Vermögen, an Aufgaben zu wachsen und etwas bewirken zu können. Und sie sind sich sicher: Wer dieses Glücksgefühl hat, lernt lieber und besser.
- Verliere nie aus den Augen, dass es vermutlich Gründe hat, wenn Schüler gänzlich begabungslos wirken. Und dass für diese Gründe nicht sie verantwortlich sind, sondern ungünstige Umstände.
- Unterschätze nie die Wirkung von Lob und Beachtung! Durch deine Anerkennung und Sichtweise können sich Schüler wieder als ganzheitliche Individuen spüren, auch wenn die letzte Klassenarbeit schlecht ausgefallen ist. Aus dieser gestärkten Position wächst nicht selten die Kraft und Energie für bessere Leistungen in der Zukunft.
- Lass ihnen auch schriftliche Botschaften der Wertschätzung zukommen, die nichts, aber auch gar nichts mit Noten zu tun haben. Wenn du geschickt im Umgang mit einem Layoutprogramm bist, kannst du dies ohne großen Aufwand auch noch richtig schön gestalten.
- Beachte bei allem Loben, dass du deine Schüler nicht zu Wesen abrichtest, die nur noch auf Lob oder Anerkennung in Form von Noten

reagieren. Dies ist eine Gratwanderung, aber es lohnt sich, darüber zu reflektieren.

- Lobe bewusst und reflektiert. Schon jüngere Kinder können da sehr gut unterscheiden, ob wir es ehrlich mit ihnen meinen oder ob wir etwas einfach nur so dahin sagen.

So erging es auch Philip Oprong Spenner. Mit einem Jahr wurde er Vollwaise, mit neun Jahren setzte ihn seine Tante auf den Straßen Nairobis aus. Er erlebte eine Kindheit in Kenia ohne jede Sicherheit.
Seine Rettung: Im Waisenhaus traf er auf einen deutschen Arzt, der an ihn glaubte, der ihn ermunterte, der sich die Mühe machte, sein Potential zu erspüren. Heute arbeitet Philip in Hamburg als Lehrer und will gerade deutschen Problemschülern zeigen: Bildung ist eine Chance. Er weiß ja: Für ihn war es die einzige.
Seine tägliche Losung ist: „Ich interessiere mich für dich! Du bist mir nicht egal!" Er schenkt seinen Schützlingen jeden Tag ein Lächeln. Weil er aus eigener Erfahrung weiß, was es bewirken kann.
(Siehe Literaturtipp am Ende des Buches)

Knüpfe an die Interessen der einzelnen Schüler an!

SO DENKEN WIR MANCHMAL

Die Interessen der Schüler *allgemein* hätten mir schon gereicht. Die interessieren sich doch sowieso nur für Dinge, mit denen wir Älteren nichts am Hut haben. Jetzt soll ich auch noch an die Interessen der *einzelnen* Schüler anknüpfen.
Bei Halil arbeite ich also mit dem Fußballsammelalbum, bei Alisha mit einem Prospekt für Nail Design. Mit Prince besuche ich die Freiwillige Feuerwehr, mit Natalie guck ich Serie. So weit kommt's noch!

- Dass ich mich um jeden Einzelnen kümmere.
- Dass ich mich auf deren Interessen-Niveau begebe.

STOPP!

An Interessen anknüpfen heißt nicht bei diesen stehen bleiben. Die Interessen, die die Schüler nach außen tragen, sind oft nicht ihre Haupt- oder einzigen Interessen. Selbst wo keine Interessen zu erkennen sind, können sich noch welche entwickeln.

Wenn du weißt, dass Halil Fußball spannend findet, weißt du immerhin schon mal, dass er auf Sport Bock hat. Bei Alisha kannst du davon ausgehen, dass sie etwas für Ästhetik übrig hat und dass sie sich gerne schön macht. Prince ist ein engagierter Mensch mit Sinn fürs Soziale, für Action und für Nervenkitzel. Natalie wiederum träumt sich weit weg, zu einer treuen Freundesgruppe und zu guter Laune. Wenn du Schülerinteressen so deutest, hast du schon mal eine gute Grundlage, deinen Schülern näher zu kommen.
Außerdem bekunden Schüler manchmal Interessen, mit denen sie die Hoffnung verbinden, im Freundeskreis punkten zu können. Vielleicht bringst du das Kunststück fertig, ihnen auch andere, wirkliche *Ich-Interessen* zu entlocken. Dann ist deine Grundlage noch besser.
Und wenn du mit den Interessen deiner Schüler nicht zufrieden bist, weil sie in deinen Augen schräg oder nicht vorhanden sind, dann mach dich daran, welche zu wecken.

SO KANN ES GEHEN

Versuche, die wahren Interessen deiner Schüler herauszufinden.

- Nutze jede sich bietende Gelegenheit, dich mit Schülern einzeln zu unterhalten. Nur so erfährst du, was du wissen willst.
- Installiere eine Schülersprechstunde.
- Hör genau hin, wenn Schüler etwas sagen. Manchmal erfährst du im Nebensatz, dass Giuseppa schon mal nachmittags Webseiten gestaltet oder dass Hasan Pflanzen züchtet.
- Befrage deine Schüler schriftlich und biete ihnen Diskretion an, falls sie dies wünschen. Sie haben dann nur *dir* von ihren geheimen Interessen berichtet.

Versuche, so oft wie möglich an diese wahren Interessen in deinem Unterricht anzuknüpfen.

- Schau, dass die Gestalter etwas gestalten können! Schaff für die Körperbetonten Gelegenheiten, körperlich zu agieren!
- Lass Schüler berichten/referieren/Präsentationen machen – über die Gebiete, die sie interessieren!
- Lass Schüler sich mit ihren Interessen nützlich fühlen – indem sie einen Teil deines Unterrichts übernehmen, weil sie hier die Experten sind. Der Beatboxer bringt frischen Wind in den Musikunterricht. Die Näherin hilft bei den Requisiten fürs Schulspiel. Wer Schildkröten hegt, bereichert die Biologiestunde mit den Besonderheiten der Panzerträger. Selbst Krankheiten oder Behinderungen können als Interessen gelten – dann nämlich, wenn sie im Leben des jungen Menschen eine (ge)wichtige Rolle spielen.

Versuche, so oft wie möglich Interessen zu wecken.

- Konfrontiere die Schüler mit möglichst vielfältigen Themengebieten.
- Leg ihnen Bücher vor, geh mit ihnen in Ausstellungen, besuche Workshops, lade Menschen in deinen Unterricht ein, die für eine Sache brennen.

Fördere die Bereitschaft, sich zu engagieren, und honoriere Engagement!

SO DENKEN WIR MANCHMAL

Wenn ich das Engagement nicht mit der Lupe suchen müsste, würde ich es gerne honorieren. Aber ich finde keines.

Dieser Stoßseufzer kommt nicht nur über deine Lippen. Kinder und Jugendliche scheinen immer mehr zu Nehmern zu werden, zu passiven Wesen, die darauf warten, dass es ihnen den Rücken hochläuft.

STOPP!

Es gibt nach wie vor junge Menschen, die etwas tun, was sie nicht tun müssten und wofür sie keinen materiellen Lohn bekommen – in Vereinen, bei Wohltätigkeitsorganisationen, bei ihren Großeltern … Engagement kann auch im Kleinen stattfinden.

SO KANN ES GEHEN

Betrachte nichts als Selbstverständlichkeit. Auch wenn es für dich selbstverständlich ist, dass Melanie mal eben die Tafel putzt: Sie hat es freiwillig getan. Auch wenn Martin gerne einem Mitschüler hilft: Er tut es von sich aus. Auch wenn Finn selbst leistungsmäßig von der Zusatzarbeit profitieren wird: Er hätte sie nicht machen müssen.

Zeig engagierten Schülern deine Wertschätzung.

- Lob sie nicht über den grünen Klee, nur weil sie drei Krümel freiwillig aufgepickt haben, aber lass sie spüren, dass du das klasse findest.
- Zeig ihnen deine Zufriedenheit, wenn sie sich auf einem guten Weg befinden, wenn sie Respekt füreinander entwickeln und beim Schulhofstreit auf einen Faustkampf verzichten, obwohl die Wut in ihnen hochkocht.
- Ein anerkennender Blick kann mehr als Worte bewirken.
- Wenn du einem Schüler eines deiner Bonbons anbietest, ist das keine Bestechung, sondern eine Form der Wertschätzung, über die er sich – vielleicht – freut.

Schenk ihnen dein Vertrauen. Klar, bei manchen Kandidaten handelt es sich erst mal um einen Vertrauensvorschuss. Aber: Vertrauen bildet die Basis guten Kontakts. Und: Wer Vertrauen spürt, engagiert sich lieber. Stimmt, Vertrauen kann ausgenutzt werden, aber das Risiko lohnt sich.

- Trau dich, den verhaltensauffälligen Erol mit einem Auftrag zum Hausmeister zu schicken. Im schlimmsten Fall stellt er Blödsinn an. Im besten reift er an der Chance.
- Nutze jeden Tag für eine neue Chance. Ständige Unzufriedenheit, Nörgelei und Misstrauen bieten keine Möglichkeit zum Reifen und Wachsen.

- Ärgere dich so wenig wie möglich über den Missbrauch von Vertrauen. Mit allerhöchster Wahrscheinlichkeit ging es nicht gegen dich. Dieser Schüler braucht eben noch ein paar Chancen. Schlechte Laune und Frust sind ansteckend. Das bekommt weder dir, noch deinen Kollegen, noch deinen Schülern. Außerdem: Schule ist Trainingsraum.
- Freue dich so heftig wie möglich, wenn Vertrauen nicht missbraucht wird. Steck die anderen mit deiner Freude an. Mach dir und den anderen immer wieder bewusst, dass es sich lohnt, allerkleinste Fortschritte wahrzunehmen und wertzuschätzen. Sie sind der Anfang von allem Guten.

Versuche, Hingabe zu wecken!

SO DENKEN WIR MANCHMAL

Hingabe? Gibt es heute noch Menschenjunge, die auch nur irgendetwas in ihrem Leben mit Hingabe tun? Die hacken doch alle nur in ihre Handys, glotzen dumpf in irgendwelche Kisten, wollen chillen und shoppen gehen.

STOPP!

Schau sie genau an. Kriegen sie denn nicht doch ab und zu rote Bäckchen – auch die Großen? Versinken sie nicht ab und zu doch in ihren Tätigkeiten? Bist du bereit, kleinste, zarte Hingabe-Pflänzchen zu hegen und zu pflegen?

SO KANN ES GEHEN

- Sei stets bereit, ihre Hingabe wahrzunehmen und zu würdigen. Dies kann auch im Pausenhof, bei Schulhausreparaturen oder beim Abholen eines kleinen Geschwisterchens sein.
- Ermögliche ihnen Tätigkeiten, die sie in Ruhe und achtsam tun können. Dies kann auch die Gestaltung eines besonders schönen Hefteintrags, die Verschönerung des Klassenzimmers, die Betrachtung einer Raupe sein.

- Lass ihnen – so oft es möglich ist – Zeit. Hingabe zu pflegen und sie auszuleben, geht nicht auf die Schnelle. Ruhe und eine weitgehend entspannte Atmosphäre sind nötig.
- Vielleicht lässt es sich einrichten, dass Sophie am Plakat für den Lesewettbewerb weiterarbeiten kann, obwohl es für Mathematik geklingelt hat.
- Vielleicht dürfen Max und Sibel weiter im Schulgarten buddeln, obwohl jetzt Englisch auf dem Stundenplan steht. Sie lernen dabei so viel: zusammenzuarbeiten, mit Biss an einer Sache dranzubleiben, sich anzustrengen. Und das sind alles Basics für Erfolg in Schule und Leben.
- Versetz dich immer mal wieder in die Lage deiner Schüler und du wirst spüren, wie der ständige Zeitdruck sich auswirkt.
- Stell dir den Wecker auf 45 Minuten, wenn du eine Arbeit beginnst, die Hingabe benötigt.
- Achte in Fortbildungsworkshops darauf, wie es sich für dich anfühlt, wenn du mit einer Arbeit noch nicht fertig bist, der Leiter aber das Ende der Arbeitsphase verkündet.
- Achte überhaupt darauf, wie es sich anfühlt, Arbeiten anzufangen und abzubrechen, weil ein anderer dir sagt: Jetzt ist Schluss!
- Verstehst du jetzt, wie Hingabe auf der Strecke bleiben kann?

Mach dich auf die Suche nach dem Potential deiner Schüler!

SO DENKEN WIR MANCHMAL

Wo soll hier Potential sein? Es tut mir leid, aber ich finde keines. Ich sehe immer nur Fehler, ich finde immer nur Defizite. Ehrlich: Ich sehe mich nicht in der Lage, bei diesen Schülern so etwas wie Potential zu entdecken.

STOPP!

Verabschiede dich von der Defizitorientierung! Potential kann in vielem und durch vielerlei sichtbar werden: durch schulisches Können, durch zart aufscheinende Begabungen, durch Leistungen, die mit Schule nichts zu tun haben.

Auf http://www.schulen-der-zukunft.org/potentialentfaltung/ findet sich hierzu eine wertvolle Abhandlung. Glaub daran: Schüler sind kleine „Rohdiamanten“, noch ohne Feinschliff, aber schon mit dem Potential zum Leuchten und Funkeln.

Dieses Potential zu finden, kostet Zeit und Kraft. Machen wir uns nichts vor: Bei einigen Kindern fällt uns Lehrkräften das Potential-Finden schwer. Schwächen allerdings würden uns sofort einfallen. Manuel zum Beispiel ist vorlaut, testet gerne seine Grenzen aus, hält sich selten an Regeln. Wo und wie soll hier Potential aufscheinen? Na ja, vielleicht liegt es gerade in seinen vermeintlichen Schwächen. Der Junge, der sich Widerworten so selten fügt, hat das Potential zum Erwachsenen mit Führungsqualitäten oder mit der Fähigkeit zu mutigem Widerstand. Das Mädchen, das schulisch nichts auf die Reihe kriegt, hat sensible Hände und wird einmal unzählige Menschen mit Hand- und Kopfmassagen glücklich machen.

Einfacher stellt sich die Sachlage bei dem Jungen dar, der während des Unterrichts ständig Blödsinn kritzelt. Der künftige Cartoonist könnte in ihm schon angelegt sein. Und selbst das glauben wir Lehrer meistens nicht. Weil der Kerl in unserem Unterricht einfach nicht kritzeln soll.

Auch nicht zu vergessen: Der Bewertungsmaßstab, den unsere Kultur an Potential anlegt, ist nicht absolut zu setzen. Zu einer anderen Zeit, an einem anderen Ort würde das, was dieses Kind mitbringt, vielleicht ganz anders wertgeschätzt.

SO KANN ES GEHEN

- Bemühe dich, das Thema „Schüler-Potential“ immer im Hinterkopf zu behalten. Sei jederzeit bereit, Entdecker zu werden.
- Gib deinen Schülern immer wieder das Gefühl und sag es ihnen auch: Dich gibt's nur einmal! Du bist einzigartig! Auch wenn du im Moment in der Schule oder überhaupt keine Erfolgserlebnisse hast: In dir steckt mehr! Irgendwann wird es zum Vorschein kommen.
- Schau dir bewusst in regelmäßigen Abständen deine Schüler an. Was hat sich in letzter Zeit verändert? Welche Vorliebe oder Eigenschaften kannst du feststellen? Hasan mochte nie gerne lesen, jetzt hat er seine Leidenschaft für Comics entdeckt. Nur dumm, dass er diese unter dem Tisch

während des Unterrichts liest. Gib ihm die Aufgabe, sie im Plenum zu präsentieren. So brauchst du seine Lesefreude nicht auszubremsen.

- Wenn du fündig geworden bist, hilf den Schülern, die entdeckten Stärken zu nutzen. Sie fallen dir ja nicht um den Hals und flehen dich um herausfordernde Aufgaben an. Aber *du* kannst der Mensch sein, der ihnen passende Vorschläge macht. Wenn Erdal ein ambitionierter Breakdancer ist, kann er sich gleich mal überlegen, welche Bewegungen man einstudieren kann.
- Mach dir immer wieder bewusst, wie viele Menschen, die schlechte Schüler waren, „später im Leben" zeigten, dass hohes Potential in ihnen steckt. Die Schule hat dieses Potential nicht entdeckt – wie unglaublich schade!
- Wenn du unsicher bist, lies Literatur zum Thema „Potentialentfaltung". Hier hat sich in der letzten Zeit einiges getan. Wir haben am Ende des Buches einige Literaturempfehlungen aufgelistet. Sie haben uns bei der Recherche zu diesem Buch inspiriert und geholfen. Mach dir beim Lesen aber bewusst, an welcher Schule du dich befindest, welche Schülerklientel du unterrichtest, welche Kollegen dich unterstützen. Du kannst beim Durchforsten der Fachlektüre mitunter eine Menge neuer Ideen sammeln und viele Inputs bekommen, aber vergiss nicht: Deine konkrete Situation ist womöglich eine ganz andere.

Überdenke deine Einstellung zum Thema „Fehler"!

SO DENKEN WIR MANCHMAL

Die Schüler sollen es richtig machen und nicht falsch. Dafür werde ich bezahlt. Außerdem kann ich in Tests keine Sternchen für intelligent gemachte Fehler vergeben, sondern muss Fehler eben anstreichen.

STOPP!

Man kann einen Fehler so oder so betrachten. Ein Fehler ist nicht per se negativ. Viele Lernforscher empfehlen heute eine Lernkultur, die Fehler nicht nur zulässt, sondern auch wertschätzt.

Genau hier beginnt unser Problem als Lehrer. Selbst wenn wir bereit sind, das Potential von Fehlern zu erkennen und wertzuschätzen, müssen wir in Probearbeiten doch immer wieder Fehler negativ bewerten. Wer die meisten Fehler macht, hat nun mal die schlechteste Note. Selbst die Bemerkung „Dein Fehler zeugt von großem Denkvermögen“ hilft dem Schüler eher wenig. Eine gute Note ist nun mal, was zählt.

SO KANN ES GEHEN

- Reflektiere mal alleine zum Thema „Fehler“. Neigst du wirklich nicht dazu, Schüler-Fehler als lästig und unerwünscht zu betrachten? Bekommt nicht tatsächlich der Schüler die größte Wertschätzung, der auf Anhieb „richtig“ gearbeitet hat?
- Wie stehst du generell Fehlern gegenüber – wenn du sie selbst machst, wenn sie einem nahe stehenden Menschen passieren?
- Bist du überhaupt bereit, das Positive von Fehlern zu sehen?
- Informiere dich gegebenenfalls durch Fachliteratur zu „Lernen durch Fehler“ oder „positive Fehlerkultur“. (Siehe Literaturtipps)
- Lass deine Schüler spüren, dass du Fehler während des Unterrichts nicht schrecklich findest. Zeig es durch deine Körpersprache.
- Sag ihnen, dass Fehler zum Leben gehören und dass nur der keine Fehler machen kann, der gar nichts tut.
- Erklär ihnen, dass man aus Fehlern tatsächlich lernen kann.
- Erzähl ihnen von erfolgreichen Menschen, die Fehler gemacht haben.
- Gib es zu, wenn du selbst vor Kurzem einen Bock geschossen hast.
- Versuche, das Positive des mehrfach gemachten Fehlers zu sehen: An dieser Stelle hakt es eben wirklich.
- Verschweige deinen Schülern aber auch nicht, dass du in Prüfungssituationen Fehler negativ sanktionieren musst. Alles andere wäre verlogen. (Siehe auch Kap. 8)

Betrachte die Schule mit den Augen deiner Schüler!

SO DENKEN WIR MANCHMAL

Wie soll mir das alles gelingen? Unterrichtsvorbereitung, Unterrichtsnachbereitung und dann ständig drüber nachdenken, ob alles gut so ist. Mich dann auch noch in die Rolle der Schüler versetzen und damit rechnen, alles wieder über den Haufen zu werfen, nur weil es meinen Schülern nicht passen könnte? Das ist mir zu viel Aufwand und kostet zu viel Kraft. Das pack ich nicht auch noch!

STOPP!

Ein Perspektivenwechsel benötigt keine stundenlange Vorbereitung. Es geht hier um einen kleinen Impuls zum Bewusstmachen, um einen Impuls, der dir hilft, Festgefahrenes mal anders zu betrachten.
Das Eintauchen in eine andere Perspektive ermöglicht eine andere Sichtweise. Es ermöglicht, Dinge so zu sehen, wie es eben nicht sofort ins Auge springt. Diese andere Sichtweise kann beim Aufspüren von Schwierigkeiten oder Blockaden neue Wege aufzeigen.

SO KANN ES GEHEN

- Kommst du bei einem Schüler nicht weiter, weil er scheinbar verstockt ist, nicht antwortet, in deinen Augen nicht kooperiert, mach eine Pause. Sage innerlich erst mal: „STOPP!" und halte ein. Reflektiere, warum der Schüler so blockiert sein könnte. Welche Informationen kannst du von ihm und über sein Umfeld erfahren? Ist sein Vater arbeitslos? Die Eltern in Scheidung? Ist sein großer Bruder plötzlich an Krebs erkrankt? Musste seine geliebte Tante in eine andere Stadt umziehen? …
- Hat nichts mit Schule zu tun? Schließlich mussten wir alle zur Schule gehen, ob mit oder ohne Sorgen im Gepäck? Nein! Auch, wenn wir es nicht schaffen, uns um alle Gefühlslagen unserer Schüler zu kümmern, sie können unter Umständen die Lernumgebung eines Schülers transparent machen.

- Schiebe nicht die Verantwortungsbereiche zwischen Elternhaus und Schule hin und her, sondern mach dich auf die Suche nach den Beweggründen und Ursachen. Wenn Susan jeden Morgen vor ihren Mathe-Aufgaben sitzt wie das Kaninchen vor der Schlange, wenn du ihre Blockade momentan nicht verstehst, weil du ihr doch schon zum x-ten Mal erklärt hast, wie es geht, dann verzweifle nicht und geh nicht vor Wut in die Luft. Sei dir bewusst, dass es dafür ganz sicher einen Grund gibt. Nur wird er sich dir vielleicht nicht sofort erschließen. Vielleicht sogar noch nicht mal später. Und dennoch gibt es ihn!
- Verändere deine konkreten Erwartungen, die du an deine Schüler hast, stell vielleicht sogar deinen Unterricht um,
  - wenn du in einem Elterngespräch erfährst, welch hohen Leistungsanforderungen und -ansprüchen das Kind ausgesetzt ist,
  - wenn du sehen musst, wie ein Kind klein gemacht und entmutigt wird,
  - wenn Mama und Papa nie zufrieden sind mit dem, was das Kind nach Hause bringt,
  - wenn aus Dreiern im Zeugnis so einfach schwuppdiwupp Einser werden sollen.
- Weigere dich, auf der gleichen Schiene mitzufahren. Anstatt zu schimpfen und zu nörgeln, vermittle gerade diesen stark verunsicherten Kindern Erfolgserlebnisse. Überlege dir, was Susan gut kann, wo ihre Stärken liegen, um eine kleine Herausforderung zu meistern. Anstatt als verlängerter Arm von unzufriedenen Eltern oder Kollegen zu fungieren, überlege dir, welche Hilfen und welche Ansprache gerade diesem Kind jetzt gut tun würden. Welche Unterstützung braucht es?
- Beobachte deine Schüler nicht nur im Unterricht, sondern nach Möglichkeit auch in den Pausen, beim Spielen und Streiten mit den Mitschülern, Geschwistern oder Freunden.
- Reflektiere immer wieder den Tagesablauf, den du vorgibst. Ist die Klasse heute sehr unruhig, weil sie aufgeteilt wurde, weil ständig die Tür aufgerissen wird oder in der nächsten Stunde eine Klassenarbeit ansteht, dann nimm es wahr und geh darauf ein. Das heißt nicht, nur noch sporadisch zum Unterrichten zu kommen, weil ja praktisch immer etwas

los ist. Aber wer bereit ist, sein Unterrichtskonzept gegebenenfalls anzupassen, wird gelassener und entspannter aus der Stunde kommen, als wenn der geplante Stoff ohne Rücksicht auf die Situation durchgehechelt wird – mit dem Ergebnis, dass niemand zuhört.

- Sind deine Schüler gerade in ihre Arbeit vertieft, lass ihnen die Zeit und koste die Ruhe und Zufriedenheit aus, auch wenn du laut Planung längst zum nächsten Punkt eilen wolltest.
- Mach dir bewusst, dass dir in unserem Beruf eine relativ große Entscheidungsbefugnis zur Verfügung steht. Nutze sie so oft wie möglich!

4

Natürliche Feinde
ODER
Die Beziehung zwischen Lehrer und Schüler

Sorge für ein gesundes Miteinander!

SO DENKEN WIR MANCHMAL

Irgendwie wird das immer ganz schnell ein Kampfschauplatz: Lehrer gegen Schüler, Schüler gegen Lehrer. Wir Lehrer kämpfen wie die Helden um Ruhe, um Leistung, um Hausaufgaben, um Ehrlichkeit. Die Schüler halten tapfer dagegen, indem sie schwätzen, unaufgefordert reinschreien, Widerworte geben, Pflichten nicht erfüllen, unpünktlich sind. Was soll ich da mit einem Gerede vom gesunden Miteinander?

Ja, leider ist es uns selten vergönnt, als strahlende Sieger vom Platz zu schreiten. Im Gegenteil, meist beuteln uns die Kampfhandlungen so sehr, dass wir uns am Ende mit letzter Kraft zum Lehrerzimmer schleppen und dort erschöpft niedersinken.

STOPP!

Die Energie, die in Kämpfe fließt, könnten wir an anderer Stelle viel besser brauchen! Viel nervenschonender UND konstruktiver ist ein gesundes Miteinander!

ACHTUNG, FALLE!

Als Junglehrerin hat mich meine alte – und bei den Schülern außergewöhnlich beliebte – Kollegin Friedel mit einem Satz geschockt: „Wir Lehrer sind zunächst einmal die natürlichen Feinde der Schüler. Den Ruf, nicht ihr Gegner zu sein, müssen wir uns erarbeiten." Inzwischen schließe ich mich Friedels Einschätzung an, weise aber ganz nüchtern auf die Gefahren hin, die hier lauern. Gefahren in Form von Gedanken-Fallen:

Falle 1: So ein bisschen einschmeicheln durch Nachsicht und Inkonsequenz kann doch nicht schaden. Lass ich die Schüler eben ihre Kaugummis kauen, auch wenn das laut Hausordnung verboten ist. Lach ich halt über das Zuspätkommen, auch wenn mein Erziehungsauftrag ein wenig anders lautet. Zeig ich denen mal eben, dass ich die beste Lehrkraft der Schule bin, weil es bei mir für wenig Einsatz gute Noten gibt.

Falle 2: Wenn keine Nähe da ist, kann ich sie auch vorgeben. Biedere ich mich eben dezent an, indem ich auf jung und modern mache. Imitiere Jugendsprache und Jugendstyle.

Klar garantiert uns dies kurzfristige Erfolge: Die Schüler finden uns klasse, weil wir – anders als viele Kollegen – vom hohen Thron zu ihnen herabsteigen UND weil sie sich dank uns bequemer durch den Schulalltag mogeln können. Irgendwann aber durchschauen die meisten Kinder und Jugendlichen, dass hier etwas nicht stimmt. Langfristig entlarven sie ein solches Lehrerverhalten schlichtweg als Schwäche.

SO KANN ES GEHEN

Zeig deinen Schülern Respekt, denn wer Respekt einfordert, muss ihn selbst auch zeigen.

- Überprüf gelegentlich, ob die Zauberwörtchen „Bitte!“, „Danke!“ und „Entschuldigung!“ nach wie vor zu deinem aktiven Wortschatz gehören.
- Übrigens kannst du auch als Lehrkraft Schülern Gefälligkeiten tun, z. B. die Tür aufhalten, den heruntergekollerten Stift aufheben oder den Vortritt in der Schlange lassen – ohne dass dir ein Zacken aus der Krone bricht.

Zeig deinen Schülern bei gemeinsamen Unternehmungen, z. B. Ausflug, Betriebserkundung, Projekt, wenn du ziemlich ähnlich wie sie fühlst. Verheimliche also nicht

- die Freude darüber, dass ihr heute mal dem drögen Schulhaus entronnen seid, das Wetter so schön, die Betreuerin so nett, das Essen so gut ist ...
- den Ärger darüber, dass der Mann im Bus so unfreundlich, die Bahn so unzuverlässig, die Pfütze so tief ist ...
- das Erstaunen darüber, dass die Fabrik so groß, das Haus so alt, die Bergtour so anstrengend ist ...

Organisiere Dinge, die für beide Seiten gleichermaßen erfreulich und stressfrei sind:

- ein gemeinsames Frühstück, das nichts weiter als ein Frühstück ist (die Schüler lernen ja Sozialkompetenz, wenn sie friedlich miteinander mampfen),
- eine Viertelstunde gemütlicher Zeitungslektüre – ohne Arbeitsaufträge (die Schüler lesen ja, und Lesen ist wichtig),
- das Betrachten eines Films, der einfach nur gut ist – ohne Beobachtungsaufgaben (die Schüler bilden ja ihren Geschmack, wenn sie diesen wunderbaren Film sehen),
- eine Runde Äpfel – einfach so (die Schüler werden ja zu gesunder Ernährung angehalten).

Nutze die wenigen Gelegenheiten, bei denen ihr euch in der Klasse ganz natürlich miteinander freuen könnt über Dinge wie:

- Hitzefrei,
- Ferienbeginn,
- eine Durchsage, die in eine völlig verkorkste Unterrichtsphase platzt,
- den Preis, den ihr miteinander gewonnen habt,
- das tolle Ergebnis, das ihr bei der Aktion XY eingefahren habt,
- die Tatsache, dass ihr den Hofdienst nicht schon wieder vergessen habt.

Zeig es, wenn du dich mit deinem Schüler/deiner Schülerin freust:

- wenn aus der 5 in Mathe endlich eine 4 geworden ist,
- wenn das Klassenziel doch noch erreicht wurde,
- wenn ein Vorstellungsgespräch zustande kam,
- wenn das Vorstellungsgespräch erfolgreich war,
- wenn aus den zwei Verspätungen in der Woche zwei im Monat wurden,
- wenn der verlorene bzw. versteckte Hausschuh doch noch aufgetaucht ist,
- wenn die Frisur heute mal besonders gut sitzt …

Lass Persönliches einfließen, ohne dein Privatleben auszubreiten:

- Erzähl etwas von deinem Wochenende, lass sie wissen, worüber du dich gefreut hast.

- Lass sie teilhaben an deinen Begegnungen mit Menschen, die du schätzt.
- Verrate ihnen dein Lieblingsessen, deine Sportarten, aber auch ein paar deiner Abneigungen.

Nimm Anteil am Leben deiner Schüler:
- Hör ihnen zu, wenn sie dir etwas von sich aus erzählen.
- Versuche, sie zum Erzählen zu locken, ohne sie auszuhorchen.
- Frag nach, wenn es sich ergibt.

Echte Nähe und echtes Interesse können schon die Kleinsten spüren. Wenn du auf Augenhöhe mit deinem Gegenüber bist, verlierst du nicht deine Autorität, sondern gewinnst Vertrauen – oft weitaus länger als nur für eine Schulstunde.
Dass du bei Befolgung sämtlicher Tipps nicht jederzeit im wunderbaren Miteinander schwelgen kannst, ist klar! Auseinandersetzungen verlaufen jetzt aber anders. Die Schüler nehmen dir deine guten Absichten nun viel eher ab. Du bist nicht mehr der blöde Typ, der nervt und den es kleinzukriegen gilt, sondern der nette Mensch, der gelegentlich halt nerven muss. Und das ist ein Riesenunterschied!

Nimm Auseinandersetzungen nicht so ernst!

SO DENKEN WIR MANCHMAL

Die kosten aber Nerven, diese ewigen Auseinandersetzungen. Die brauchen die letzten Reserven auf. Auseinandersetzungen wegen nicht gemachter Hausaufgaben, wegen Störens und Reinschreiens in den Unterricht, Auseinandersetzungen wegen frecher Antworten, wegen ungerechter Behandlung …

Stimmt, Auseinandersetzungen gehen an die Nerven. Wir Lehrer meinen es so gut. Und die Schüler treten alles mit Füßen. Geben Widerworte, wo wir nach Beifall lechzen, tun nicht, was wir hundertmal gepredigt haben. Lassen einfach die Sau raus. Beherrschen sich nicht.

STOPP!

Wer Auseinandersetzungen führt, setzt sich mit seinem Gegenüber auseinander. Findet ihn wichtig genug, sich mit ihm zu beschäftigen. Findet ihn nicht zu gering, um sich an ihm zu reiben.

Schule ist ein Übungsraum – für Schüler (!). Wer hier trainiert, muss nicht gleich mit dem Verlust des Arbeitsplatzes rechnen, nur mit schlechter Laune beim Sparringspartner (= Lehrer) oder gleich mit Sanktionen.

Dass es in Schulen Auseinandersetzungen gibt, ist normal. Die einen wollen etwas, was die anderen eher ablehnen. Lehrer sehen ihren Sinn und ihre Aufgabe darin, Wissen zu vermitteln und Leistung zu fordern. Schüler würden gerne in Ruhe gelassen werden. Die Mitschüler täglich zu treffen, mag in den meisten Fällen noch ganz nett sein, aber dann auch noch arbeiten … konzentriert bei der Sache sein … Hausaufgaben machen … ruhig und diszipliniert auf den Plätzen sitzen …

Nein, viele Schüler wollen das eher nicht. Sie sind vielleicht ein bisschen träge, nicht unbedingt gut erzogen, sie wollen nicht behelligt oder zumindest freundlich behandelt werden. Und genau das gelingt uns Lehrern nicht immer. Wir denken dann: Wenn die nicht willig sind, dann muss man die eben zwingen. Wenn die nicht aufpassen, dann muss man ihnen eben den Marsch blasen. Wenn die sich im Ton vergreifen, dann muss man denen einen massiven Denkzettel verpassen.

Heutige Schüler sind in der Regel keine Duckmäuser. Sie sagen, was ihnen nicht passt. Sie sind eher zu laut als zu leise bei Meinungsverschiedenheiten. Und das stört uns. Sie sollen gefälligst anerkennen, dass wir Lehrer sind und damit ein kleines bisschen oben. Sie sollen uns spüren lassen, dass sie Schüler sind und damit ein kleines bisschen unten.

Aber wollen wir wirklich noch immer Untertanen? Wollen wir Menschen, die uns schön tun, obwohl sie anderer Meinung sind? Die sich anpassen – aus Bequemlichkeit, aus Gleichgültigkeit, aus Angst?

ACHTUNG, FALLE!

Falle 1: Wenn Auseinandersetzungen so wichtig und sinnvoll sind, gehe ich ihnen nicht mehr aus dem Weg, sondern nutze jede Gelegenheit zum Schlagabtausch.

Falle 2: Wenn Auseinandersetzungen so wichtig und sinnvoll sind, stachle ich die gegnerische Partei so richtig an, provoziere und füttere die Aggression.

Bei allen Vorteilen, die Auseinandersetzungen mit sich bringen: Wenn sie zu häufig stattfinden, vergiften sie die Atmosphäre, schaffen Antipathien, zermürben, lassen abstumpfen.

SO KANN ES GEHEN

- Überlege – wenn es dir im Eifer des Gefechts möglich ist: Lohnt diese Auseinandersetzung? Ist sie es wert, geführt zu werden? Wird sie den Schüler weiterbringen oder will ich mich selbst am Ende als Sieger präsentieren?
- Wenn eine Auseinandersetzung nicht zu vermeiden war, versuche, dich nicht zu gereizten Belehrungen, unsachlichen Beschimpfungen oder gar Hasstiraden hinreißen zu lassen. Wir alle wissen von der Macht des Affekts. Aber wir Lehrer werden dafür bezahlt, dass wir Profis sind, und das kann auch bedeuten, dass wir dem Schüler nicht jede aufsteigende Emotion um die Ohren hauen.
- Wenn es in einer Auseinandersetzung entgegen deiner Absicht zu unschönen Szenen gekommen ist, verzage und verzweifle nicht. Der Schüler wird dich nicht auf Lebenszeit hassen. Wenn es dir wirklich wichtig ist, wird sich das Verhältnis zwischen dir und ihm wieder einrenken – und zwar in der Regel nicht, weil er, der Schüler, doch noch klein beigibt, sondern weil du, die Autoritätsperson, die Lehrkraft, signalisierst, wie wichtig dir der Schüler und das gute Verhältnis zu ihm ist. Vielleicht ist es sogar nötig, dass du dich entschuldigst.
- Wenn dir der Schüler im Laufe der Auseinandersetzung so richtig fremd wird, wenn du ihn, sein Verhalten und seine verbalen Äußerungen so gar nicht mehr verstehst, wenn du ihn unsympathisch, frech und arrogant findest, denk zurück: Warst du selbst in seinem Alter immer friedfertig,

gerecht und angepasst? Und falls ja, warst du es vielleicht nur, weil du Angst vor den Folgen der Auflehnung hattest? War das wirklich so gut, so positiv für dein weiteres Leben?

- Versuche, dich in kleinen, kurzen Augenblicken am Aufbegehren deines Schülers zu ergötzen. Freu dich, dass hier kein Untertan sitzt, der blind erfüllt, was man von ihm fordert. Wenn sich der junge Mensch im Ton vergreift, hat das nichts mit dir, sondern mit ihm zu tun. Weise ihn darauf hin, dass er mit einem solchen Verhalten außerhalb des Schonraums Schule Schwierigkeiten bekommen wird, aber tu es sachlich, gelassen.

Wenn du mit dieser Einstellung in Auseinandersetzungen gehst, kannst du dir Bluthochdruck, ungesunde Erregungszustände und Herzrasen ersparen. Denn du stehst über den Dingen.

Hüte dich vor den Feinden der guten Beziehung!

SO DENKEN WIR MANCHMAL

Manchmal muss man einfach ein wenig hart auftreten. Die Schüler von heute brauchen deutliche Worte. Die sind so abgestumpft, dass man sie einfach anherrschen muss.

STOPP!

Egal, wie frech heutige Schüler manchmal auftreten – auch sie sind verwundbar und haben eine Würde. Manche Wunden, die Lehrer ihren Schülern zufügen, heilen schwer oder nie.

Tja, in Kapitel 2 haben wir dich noch ermutigt, Fehler zu machen. Und erst auf den vorhergehenden Seiten haben wir Zuversicht gepredigt, was Auseinandersetzungen mit Schülern betrifft. Und jetzt dieser drohende Ton:
Hüte dich …

Tatsächlich kann sich ein Lehrer ziemlich viel erlauben, ohne dass sein Verhältnis zum Schüler Schaden nehmen muss. Aber ein paar Verhaltensweisen sind so kontraproduktiv und verheerend, dass wir sie nicht verschweigen wollen. Und deshalb gibt es an dieser Stelle zum ersten und einzigen Mal in diesem Buch ein BITTE BEACHTE UNBEDINGT.

BITTE BEACHTE UNBEDINGT

Behalte die Würde des Schülers immer im Auge.

- Selbst wenn er dich noch so reizt, gilt auch für ihn das Grundgesetz Art. 1 Abs. 1: Die Würde des Menschen ist unantastbar.
- Bedenke, dass Verletzungen der Würde – vor allem in der Zeit der Kindheit und Jugend – sehr nachhaltig wirken.
- Wenn du dies nicht glaubst, sprich mit erwachsenen und älteren Menschen über ihre Schulzeit. Du wirst immer wieder kränkende Lehrersätze im Originalwortlaut zu hören bekommen.

Achte darauf, Schüler nicht abzuwerten.

- Herrsche sie nicht an.
- Vermittle ihnen auch nicht durch deine Wortwahl das Gefühl, sie seien minderwertig.
- Mach keine abfälligen Bemerkungen über ihre Familie oder über die Verhältnisse, aus denen sie kommen.

Behalte immer folgenden Gedanken im Auge: Wie würde ich mir wünschen, dass ein Lehrer mit meinem eigenen Kind umgeht?

5

Was wirklich hält ODER **Die Nachhaltigkeit des Lernens**

Was *bleibt* von deinem Unterricht längerfristig in den Köpfen der Schüler?

SO DENKEN WIR MANCHMAL

Nichts wird da bleiben! Die passen nicht auf. Die wissen den besten Unterricht nicht zu schätzen. Die sind mit ihren Gedanken dauernd woanders. Die lernen nicht. Und wenn sie lernen, vergessen sie alles umgehend. Hier ist Hopfen und Malz verloren. Ich nehme meinen Stoff durch und damit hat sich die Sache. Meine Pflicht ist erfüllt.

STOPP!

Bloß, weil wir etwas durchgenommen und abgefragt haben, muss es – wenn wir ehrlich sind – nicht wichtig sein. Bloß, weil wir etwas durchgenommen und abgefragt haben, muss es – wenn wir ehrlich sind – nicht in den Köpfen der Schüler haften bleiben. Unsere Arbeit sollte mehr auf Qualität und Nachhaltigkeit zielen als auf Quantität.

SO KANN ES GEHEN

Wenn du durch den Lehrplan hetzt und dir zum wiederholten Mal die Frage stellst, wie du das alles schaffen sollst, bleib ruhig. Mach dir folgende Tatsachen bewusst:

- Weniger ist oft mehr.
- Das, was am Ende wirklich hängen bleibt, zieht vermutlich neuen Lernzuwachs nach sich.
- Alles, was als durchlaufender Posten durch die Hirnwindungen rauscht, wird nicht nur vergessen, sondern schafft auch keine Lust zum Weiterlernen.
- Wenn die Parallelklasse schon weiter ist, sagt das rein gar nichts über die Nachhaltigkeit ihres Lernens aus. Außerdem ist das eine andere Lerngruppe mit anderen Individuen.

Wenn dir diese Tatsachen bewusst sind, handle auch danach:

- Hab den Mut zur Lücke. Als eine von uns nach langer Zeit wieder im Fach Naturwissenschaften unterrichten sollte, verursachte der Blick in den neuen Lehrplan eine große Verunsicherung: so viele Lerninhalte, so viele Themen! Wie sollte man das alles unter einen Hut bringen? Das Einzige, was half, war der beherzte Rat einer Kollegin: „Hab den Mut zur Lücke!"
- Setz Schwerpunkte und orientiere dich dabei auch an deinen eigenen Fähigkeiten: Was machst du besonders gerne? Was kannst du besonders gut im Unterricht rüberbringen?

Wenn dich die Unsicherheit packt, ob überhaupt etwas hängen bleiben wird von all dem Stoff, den du so engagiert aufbereitet und an die Schüler zu bringen versucht hast,

- nutze das Motivationspotential ehemaliger Schüler. Denk an Emre, der dir, obwohl sich eine Schleimspur für ihn nun wirklich nicht mehr lohnt, beteuert, sich in Konfliktsituationen noch immer an deinen Ethikunterricht zu erinnern. Denk an Mona, die sich, minderjährig schwanger geworden, in ihrer Not an den Deutschunterricht und die Diskussionen zu genau diesem Thema erinnert hat und so eine Entscheidung treffen konnte.

  Denk an Manuel, der sagt: „Hätten Sie mir damals Mathematik nicht so gut beigebracht, wäre ich nie zu meiner Ausbildung und zu dieser Weiterbildungsmaßnahme gekommen, die mir den Sprung nach oben ermöglicht hat."
- Denk daran, was bei dir selbst hängen geblieben ist. Kennst du dich heute so gut aus mit fremden Ländern, *obwohl* der Erdkundeunterricht mies oder *weil* er klasse war? Wenn er klasse war, was hat ihn so sein lassen? Was hatte diese Lehrkraft damals drauf, dass du bis heute von ihrem Unterricht profitierst? Was war schuld, dass dich der Unterricht so gar nicht angesprochen und damit intellektuell bereichert hat? Auch wenn du es im Einzelnen nicht wissen kannst, so weißt du doch, dass die Dinge haften bleiben, die die Schüler berührt haben, zu denen sie in irgendeiner Weise eine Beziehung aufgebaut haben.
- Denk bei Lernstoff immer: Wie kann ich zumindest den Hauch einer Beziehung zwischen Schüler und Stoff schaffen? Vielleicht, indem ich mit großer Emotionalität von jemandem erzähle, der sich diesen Lernstoff

auch „einochsen" musste? Vielleicht, indem ich einen Bogen zur persönlichen Situation der Schüler schlage, auch wenn der nicht gleich auf der Hand liegt? Denk bei Lernstoff immer: Was passiert mit dem, was die Schüler tatsächlich brav lernen und brav in Tests wieder ausspucken? Ist ein guter Klassendurchschnitt tatsächlich ein Garant für Nachhaltigkeit oder könnte es sein, dass auch die Schüler mit Einsen und Zweien alles ganz easy wieder vergessen?

- Denk bei Lernstoff immer: Gehen die Schüler bei diesem Thema motiviert mit? Wenn ja, bleib dabei. Weite das Thema aus. Das Hecheln von Thema zu Thema, das ständige Sich-Einstellen-Müssen auf immer neue Lerninhalte kostet Energie. Interessieren sich deine Schüler für das mittelalterliche Leben, dann fange ihren Wissensdurst ein und widme dich dafür eben anderen Themen kürzer.
- Sei dir bewusst: Nachhaltiges Wissen bleibt und wird nicht gleich im ersten Sturm des Lebens davongepustet. Selten handelt es sich dabei aber um reines Faktenwissen, sondern eher um Wissen, das an aktive Lebenserfahrungen knüpft.
  - Da, wo Privates oder Persönliches mit eingeflossen ist. Das kann der Artikel aus der Schülerzeitung sein, in dem Mohammad als Schülerreporter über sein Heimatland Syrien berichtet hat.
  - Da, wo das Herz beteiligt war. Das kann der Besuch des Kunstmuseums sein, in dem man die Farben und Formen der Kunstwerke so beeindruckend fand.
  - Da, wo Freude und Lust mit im Spiel waren. Das kann eine gelungene Theatervorstellung aus der Schulzeit sein, an die man sich immer noch mit Freude erinnert, die Rolle vielleicht noch auswendig kann.
  - Da, wo die Neugier geweckt wurde. Das kann der Biologie-Unterricht von Frau Henze gewesen sein, in dem man so spannende Experimente durchgeführt hat.

Was *sollte* von deinem Unterricht längerfristig noch in den Köpfen der Schüler sein?

SO DENKEN WIR MANCHMAL

Puh! Jetzt soll ich auch noch in die Zukunft denken! Woher soll ich wissen, was die Kids später einmal brauchen? Die Zeiten sind schnelllebig. Da halte ich mich lieber stur an meinen Lehrplan. Da bin ich auf der sicheren Seite und mir kann keiner was anhaben. Glücklicherweise wird meine Qualifikation als Lehrer nicht anhand der Schülerleistungen nach fünf, zehn, dreißig Jahren gemessen.

STOPP!

Wir können nicht wissen, was die Schüler später brauchen, aber wir können unser Hirn und unseren gesunden Menschenverstand einschalten. Wir können den Lehrplan kritisch betrachten und gegebenenfalls Dinge streichen, um dafür andere zu vertiefen.

ACHTUNG, FALLE!

Falle 1: Wenn das so einfach ist, mache ich es mir noch viel einfacher und streich alles raus, wozu die Schüler keine Lust haben.
Falle 2: Wenn mir mein Menschenverstand sagt, dass der ganze Lehrplan für die Katz ist, scher ich mich nicht um Vorgaben.

Nee, so ist es auch wieder nicht. Wir werden ja alle dafür bezahlt, dass wir unterrichten, was der Staat sinnvoll findet. Wir sind Beamte oder Angestellte im öffentlichen Dienst oder an privaten Schulen. Selbst bei letzteren kann nicht einfach so Pi mal Daumen unterrichtet werden.
Wir können nicht unser eigenes Stoffsüppchen kochen. Wir müssen sogar sehr genau wissen, was wir laut Vorschrift unterrichten müssen. Aber wenn wir uns dann sicher sind, dass ein bestimmter Teilbereich nur hektisch durchgepeitscht oder autoritär durchgeochst werden kann, dann dürfen wir auch mal streichen bis straffen. Wir haben ein gutes Argument für unser Handeln: lieber weniger, aber nachhaltig!

SO KANN ES GEHEN

Überprüfe das, was du durchnimmst, auf folgende Kriterien:

- Ist es isoliertes Einzelwissen, das aller Voraussicht nach nicht länger als ein paar Tage oder Wochen in den Köpfen der Schüler haften bleibt?
- Ist es zwar Einzelwissen, aber kann sich dieses mit anderem Einzelwissen zu einem Gesamtbild verknüpfen, das der Schüler als interessant betrachten könnte?
- Ist es übertragbares Wissen, das sich auf weitere Fälle und Situationen anwenden lässt?
- Ist es Wissen und Können, das zum Weiterlernen nach Schulschluss motiviert?
- Ist es Wissen und Können, das zu erfolgreichen Lebensbewältigungsstrategien gehört?

Wenn du zu wenig Zeit zur Verfügung hast, weil durch höhere Gewalt viel Unterricht ausgefallen ist, weil einzelne Schüler einen erhöhten Zuwendungsbedarf hatten, weil Konflikte nicht unter den Teppich gekehrt, sondern angemessen bewältigt wurden, schmeiß das schlechte Gewissen über Bord! Mehr ging einfach nicht! Trau dich, auf Themen zu verzichten, von denen du annimmst, dass *deine* Schüler sie am wenigsten brauchen werden.

6

Wie es ihnen gefällt
ODER
Schule als Lebensraum

Betrachte die Schule nicht nur als Lernanstalt und Arbeitsplatz, sondern als Lebensraum!

SO DENKEN WIR MANCHMAL

Lebensraum? So ein Quatsch! Schule ist der Ort, an den sich Lehrer wie Schüler schleppen, weil ihnen nichts anderes übrig bleibt. Und von dem sie – ehrlich gesagt – so schnell wie möglich wieder fliehen. Tische dekorieren? Pflanzen aufstellen? „Schöner Wohnen" jetzt auch noch in der Schule? Nein danke! Den Schülern ist es doch egal, wie Schule und Klassenzimmer aussehen.

STOPP!

In der Schule verbringen wir und die Schüler einen großen Teil unserer Zeit. Schulzeit ist Lebenszeit! Schule im Allgemeinen und Klassenzimmer im Besonderen sind die Orte, an denen man spüren kann: Hier wird gearbeitet, entdeckt und ausprobiert.

Tatsächlich lohnt sich die Rechnung: Wie viele Stunden eines Schülerlebens werden in den Räumlichkeiten der Schule verbracht? Von denen eines Lehrerlebens ganz zu schweigen. Und eines ist unbestritten: Die Umgebung beeinflusst den Menschen – und dies kann positiv oder negativ sein. Es kann sich auf den Sinn für Ästhetik ebenso beziehen wie auf die Seele, die Stimmung. Gerade, was die Schüler betrifft, gilt: Die Phase der Schulzeit ist eine extrem prägende. Und deshalb dürfen auch das Äußere, das Ambiente, die Atmosphäre nicht geringgeschätzt werden.
Wir Lehrer wissen nicht, aus welchen „Räumen" unsere Schüler zu uns kommen, es sei denn, wir sehen Hausbesuche als Teil unserer pädagogischen Aufgabe an. Aber wir können ahnen, dass es nicht alle Schüler in den eigenen vier Wänden schön haben. Manche haben es vielleicht sogar extrem unschön erwischt, ohne etwas dagegen tun zu können. Schimmel an den Wänden? Blanke Kabel? Zerschlissene Tapeten und Teppiche? Vermüllte und versiffte Küchen? Wir wissen alle, dass es das gibt. Warum sollten ausgerechnet unsere Schüler grundsätzlich nicht aus solchen Wohnverhältnissen zu uns in die Schule kommen?

Den Gedanken, wie wohltuend es für junge Menschen sein kann, morgens in eine „gepflegte Atmosphäre" zu treten und für ein paar Stunden der häuslichen Schlamperei oder Armut zu entfliehen, sollten wir Lehrer zumindest zulassen – auch wenn wir dies vielleicht nie im Leben aus (Ex-)Schülermund bestätigt bekommen, weil das Schamgefühl es nicht zulässt.
Klar, Schule ist kein Kuschelraum. Aber verstaubte Räume ohne Leben verströmen wohl kaum eine Atmosphäre, in der man sich wohlfühlen kann und gerne verweilen möchte. Kein Wunder, dass die „Bewohner" – auch deshalb – so schnell wie möglich die Kurve kratzen wollen!
Wenn du dir nicht sicher bist, mach dir bewusst: Welche Räume würdest du dir für deine eigenen Kinder wünschen? Wie wirkt es sich auf deine Stimmung aus, wenn du bei der Elternversammlung durch bunte und lebhafte Flure gehst und einen einladenden Raum vorfindest? Wie fühlst du dich, wenn alles steril oder gar zum Fürchten aussieht? Welche Atmosphäre tut dem Gemüt gut?
Eine von uns kann sich an einen Klassenraum erinnern, in der zu jeder Jahreszeit mittendrin eine Bodenvase mit stets frischen Blumen oder Zweigen stand. Auch Schülerinnen und Schüler, die sonst wie kleine Dampfwalzen über den Schulhof fegten, wichen dem Hindernis im Klassenraum wie leichtfüßige Gazellen aus. Nie hat man erlebt, dass in dieser Klasse die Vase umgestoßen wurde.

SO KANN ES GEHEN

- Setze es dir als stets als Ziel, eine angenehme Lernumgebung zu schaffen, in der sich jeder wohlfühlen kann, und bedenke das Alter derer, die sich hauptsächlich in diesen Räumen aufhalten werden.
- Bemühe dich, einen Raum zu schaffen, in den Besucher gern ihre Nase stecken und sich neugierig umsehen.
- Nimm bewusst wahr, was dir an anderen Klassenräumen positiv auffällt. Hat die Kollegin eine kleine Galerie attraktiver Kunstarbeiten optisch gut präsentiert? Mit einigen Handgriffen und flinken Helferlein kannst du selbst einen Versuch im Klassenraum starten.

- Mach dir auch bewusst, was du selbst am Arbeitsplatz Schule brauchst, um dich wohlzufühlen. Was ist dir besonders wichtig? Licht, Übersichtlichkeit, Struktur, Ordnung, helle oder leuchtende Farben, Gemütlichkeit, Offenheit?
- Auch wenn dein Klassenraum voll ist mit 24 mehr oder weniger großen Kerlen plus dazugehörigem Mobiliar, können kleine Veränderungen eine Menge erreichen,
  - indem du übersichtliche Strukturen schaffst,
  - indem du Schülerarbeiten regelmäßig und optisch zentral präsentierst,
  - indem du Kunstbeiträge öffentlich machst,
  - indem du Ablagemöglichkeiten schaffst für Turnbeutel, Malsachen sowie Lernmaterialien und Unterrichtsangebote (Fächer, Regale, Kisten, Sammelordner).
  - In jedem Raum, in jeder Klasse sind die Erfordernisse sehr unterschiedlich. Was super in Klasse A klappt, muss in der Nachbarklasse nicht funktionieren. Die Optimierung des Raumes muss an die jeweiligen Bedürfnisse und Gewohnheiten angepasst werden.
- Hast du keine Lust, ständig frische Blumen zu organisieren, dann gehören Frischblumen eben nicht in deinen Klassenraum. Hast du kein Händchen, die Kunstwerke deiner Schüler ansprechend zu präsentieren, dann sollten sie eben in Kunstmappen gesammelt werden. Auch ein vergrößertes Foto von der letzten Klassenfahrt kann super aussehen.
- Überlege, ob ein ständig wechselnder Aktionstisch etwas für dich und dein Klassenzimmer sein könnte, auf dem je nach Unterrichtseinheit Informationen über Dinosaurier geboten, Einblicke in die Unterwasserwelt der Ozeane gewonnen oder die in der Pause eingefangenen Insekten im Becherlupenglas bestaunt werden können. Kein freier Tisch verfügbar? Zur Not tut es auch eine Ecke – zum Beispiel am Fenster oder auf dem Regal. Du unterrichtest in Fachräumen? Schaufle dir dort ein Eckchen frei. Schließlich trefft ihr euch hier wöchentlich. Warum nicht die gut gelungenen Präparate aus dem Biologieunterricht fotografieren und anderen zeigen? Schüler übernehmen solche Aufträge gerne, immerhin können sie so ihre Smartphones sinnvoll und legal in Aktion bringen.

- Stell deinen Arbeitsplatz immer wieder in den Fokus deiner Aufmerksamkeit. Ein kleines Regal in der Nähe des Lehrertisches ermöglicht schnelles Zugreifen. So banal es sich anhört: Alles in Reichweite zu haben angesichts einer lärmenden und ungeduldig wartenden Kinderschar, sieht nicht nur nach Struktur aus, sondern erspart lästiges Suchen und Leerlauf.
- Gerade weil der Schulalltag hektisch und dicht vollgepackt ist, braucht die Lehrkraft Ruhepole. Ein Lehrertisch, der Überblick über die Klasse zulässt und an den man sich zurückziehen kann, um mit einzelnen Schülern zu arbeiten, ist Gold wert.
- Ein kleiner Geheimtipp sind Rollhocker, die mühelos zu den entsprechenden Schülertischen geschoben werden können, um schnell Hilfe anzubieten und präsent sein zu können.
- Organisiere dir Hilfe. Überlege dir, wer Organisationstalent besitzt und gerade auf diese Herausforderung förmlich gewartet hat. Schüler? Eltern? Schulhelfer? Wenn sich mehrere Köpfe neue Ideen zur Gestaltung ausdenken, kann das richtig Spaß machen.
- Gestalte doch mal eine Wand mit Postern, auf denen Lob, Ideen, Wünsche und Vorschläge notiert werden, eine Art „board of compliments“. Aber Achtung: kein öffentlicher Aushang von Leistungsnachweisen! Kein Leistungsranking! Das ist in vielen Bundesländern aus datenschutzrechtlichen Gründen untersagt und zudem pädagogisch höchst kontraproduktiv.
- Es gibt Klassen, die gute Erfahrungen gemacht haben mit einem Briefkasten für vertrauliche Mitteilungen. Aber auch hier Achtung: Er sollte nicht zum Sammelbecken von Beschwerden, Anschuldigungen oder Vorwürfen werden.
- Eine Übersicht über die Höhepunkte des Schuljahres, über die Highlights, die noch bevorstehen, sehen sich Schüler wie Besucher gerne an – vielleicht als Fotogalerie.
- Wie geht es mir heute? Auf einem Glücksrad können Emotionen sichtbar gemacht werden; die Schüler üben es, sich einzuschätzen. Und das Klassenzimmer hat einen Eyecatcher mehr.
- Wichtige Personen können sichtbar vorgestellt werden: Klassensprecher, Vertrauenslehrer, Elternvertreter, Schüler mit Ämtern.

- Bezieh die Schüler in die Planung mit ein. Veranstaltet ein Brainstorming, einen Wettbewerb, sammelt Ideen, auch wenn man sie vielleicht nicht gleich in die Realität umsetzen kann. Mach ein Projekt daraus, das mehrere Fächer und Themen bündelt:
  - Kunst: Ausstellungen, Fotogalerie
  - Mathematik: Flächenberechnungen, Sachaufgaben
  - Deutsch: Ideenkonferenz, Texte verfassen („Mein Klassenzimmer"), Umfragen und Interviews
  - Naturwissenschaften: Welche Bedingungen brauchen Pflanzen oder Tiere im Klassenraum?

Niemand verlangt von dir, aus einem drögen Unterrichtsraum ein Schmuckkästchen werden zu lassen. Aber schon kleine Veränderungen haben mitunter große Wirkung auf das gesamte Erscheinungsbild. Das trifft auch auf Räume zu.

Klar, nicht alle wunderbaren Ideen anderer sind jederzeit und überall umzusetzen, aber manches lässt sich abwandeln, um ähnlich positive Effekte zu erzielen.

Der Arbeitsplatz Schule wird sich nicht über Nacht in eine Wohlfühloase verwandeln. Es lohnt sich dennoch, über Veränderungen nachzudenken.

Betrachte diesen Lebensraum auch mit den Augen der Schüler!

SO DENKEN WIR MANCHMAL

Oh, auch noch das Klassenzimmer mit den Augen der Schüler sehen? Wenn ich das versuche, vermisse ich vermutlich Stars und Sternchen als Wandschmuck. Lechze nach medial geschaffenen und gesteuerten Dritte-Klasse-Promis als gestaltende Elemente im Klassenzimmer. Nein, danke, ich bin raus.

STOPP!

Schulische Räume mit den Augen der Schüler zu sehen, kann den Blick dafür schärfen, was die, die den Großteil der Zeit hier verbringen, sich wünschen würden.

Das heißt aber noch lange nicht automatisch, dass alles nach ihrem Geschmack und/oder in ihrem Sinne gestaltet wird.

SO KANN ES GEHEN

- Lass immer wieder ketzerische Gedanken zu à la „Was löst bei einem 14-Jährigen das Plakat über die Gefahren des Alkoholkonsums aus?" Wird er nachdenklich oder überdrüssig werden? Wird ihn das Plakat langweilen, aufrütteln oder nerven?
- Überlege: „Welche Gefühle verursacht die Auflistung der Textformen bei einem Grundschulkind?" Wird es erleichtert sein, wird es sich unter Druck fühlen, wird es das Plakat gar nicht wahrnehmen?
- Wie wär's mit einem Platz an der Wand oder in einem Eckchen, in dem jeder etwas Positives aufschreiben kann?! Aber bitte auf keinen Fall: „Bester Schüler des Jahres"! Hier ist einfach ein Platz, um sich mitzuteilen, um Komplimente oder Lob loszuwerden. Viel zu schnell geraten die kleinen, positiven Momente in den Hintergrund, werden einfach vergessen. Einzige Bedingungen übrigens: Es darf nichts gestrichen oder gelöscht werden. Und Beleidigungen sind tabu.
  - „Darüber habe ich mich besonders gefreut ..." (Als Gül mitgeholfen hat, den letzten Streit zu schlichten.)
  - „Ich möchte mich bedanken für ..." (Als Sebastian mit Max zusammen sein Fahrrad repariert hat.)
  - „Wer hilft mir bei ...?" (Als Rada einen Partner suchte für das nächste Interview für die Schülerzeitung.)
- Schaff eine Möglichkeit dafür, dass sich deine Schüler auch emotional mitteilen können.
- Ein „Stimmungsbarometer" zeigt, wie sich Hasan, Lisa oder Sarah heute Morgen fühlen: traurig – müde – munter – fröhlich usw. Mit Namensklammern geht das ganz fix und nonverbal. Natürlich ist Freiwilligkeit vorausgesetzt!

So kannst du als Lehrkraft mit einem schnellen Blick sehen: Wem geht es heute nicht so gut? Wer signalisiert mir, dass er gut drauf ist? Lars hat heute super Laune. Prima, dann ist sein Streit mit Marcel endgültig vorbei. Anna gibt an, dass alles bestens ist, ihre Körpersprache aber sagt anderes? Aufmerksamkeit tut not!

7

Ohne sie gäbe es nichts zu beschulen ODER **Die Bedeutung der Eltern**

Tu alles für eine regelmäßige und positive Kommunikation mit den Eltern!

SO DENKEN WIR MANCHMAL

Pah, mit denen kommunizieren! Und das auch noch dauerhaft! Ich bin froh, wenn ich diese lästige Klientel nur von hinten sehen muss!

STOPP!

Ohne Eltern gäbe es deine Schüler nicht!
Eltern sind die nächsten Angehörigen deiner Schützlinge!

Egal, wie gut sie ihren Job als Eltern machen – sie sind von ihren Kindern nicht wegzudenken. Sie sind der Schlüssel für ein gutes Arbeiten mit und ein gutes Verhältnis zu den Schülern. Sie stellen ein wesentliches Element im Dreieck Schüler/Elternhaus/Lehrer dar. Auch, wenn du vielleicht denkst: „Die haben eh keine Ahnung, was so in der Schule läuft", unterschätze die Funktion und Bedeutung der Eltern nicht!

ACHTUNG, FALLE!

Falle 1: Die sind zwar wichtig, aber kämpfen auf einem anderen Schauplatz – zu Hause nämlich, in der Familie. Das hat mit mir nichts zu tun. Denn ich bin für die Schule zuständig.
Falle 2: Wenn die so wichtig sind, gehe ich eben jedem Konflikt mit den Eltern aus dem Weg, erfülle jeden Wunsch, folge jeder Idee.

Die Schauplätze lassen sich nicht trennen, in einem Dreieck trägt jeder der drei Winkel zur Winkelsumme bei. Du kannst dich dem Einfluss des Elternhauses nicht entziehen.
Erols Mama möchte nicht, dass ihr Sohn neben Yunus sitzt, weil der angeblich einen schlechten Einfluss auf ihren Sprössling hat? Klar, bitte sehr! Neben Kathrin soll er aber auch nicht sitzen? Ja, gerne.

Aber die Methode „Konfliktvermeidung aus Bequemlichkeit“ funktioniert nicht und ist nicht zielführend. Konflikte zwischen Menschen, die in Beziehung zueinander stehen, sind das Natürlichste der Welt. *Wie* man mit diesen Konflikten umgeht, entscheidet über Erfolg oder Misserfolg einer Beziehung.

Machen wir uns nichts vor: Eltern sind es, die ihre Kinder schon viele Jahre kennen, wenn diese die ersten unsicheren Schritte über die Schwelle zur Institution Schule tun. Sie sind es auch, die die Kinder in ihren frühesten Lebensjahren geprägt und versorgt haben. Sie kennen ihre Sorgen und ihre Nöte, ihre kleinen und großen Eigenarten, das Tempo ihrer individuellen Entwicklung, die Rolle unter den Geschwistern.

Eltern wissen, wie ihre Kinder ticken und können so manch wertvollen Tipp geben, wenn es darum geht, ihr Wesen zu erreichen. Vielleicht erleben sie mit ihren Kindern beim abendlichen Zähneputzen die gleichen Probleme wie du beim Kontrollieren der Hausaufgaben.

Ihr habt ein gemeinsames Anliegen: das Wohl und das Fortkommen der Kinder. Die meisten Eltern wollen für ihre Kinder Zufriedenheit und Erfolg, auch wenn der Beitrag, den sie selbst dazu leisten, nicht immer gut gelingt. Mach dir die Eltern zu Verbündeten! Versuche, mit ihnen am selben pädagogischen Strang zu ziehen. Eine Kräftebündelung zweier Seiten ist hundertmal wirksamer als ein Gezerre um Verantwortungsbereiche.

Stellst du dich ohne Verständnis gegen sie, können Haltungen und Vorurteile so verhärten, dass eine gute Zusammenarbeit nicht mehr möglich ist, dass Chancen verspielt werden und Vertrauen verloren geht. Im schlimmsten Fall – und der ist gar nicht so selten – wird aus dem Bündnis eine Gegnerschaft. Und die ist schlecht für die Schüler und für dich.

Bedenke: Ein gutes Vertrauensverhältnis zu den Eltern kann gerade bei Konflikten mit den Kids von großem Wert sein. Sind die Weichen gut gestellt, funktioniert die Kommunikation mit den Eltern, wirst du mit ihnen über alles reden können. Wenn Hasan dir zum x-ten Mal in den Unterricht quatscht, erschüttert dich das nicht, denn du weißt: Seine Eltern unterstützen dich. Sie werden Hasan nicht auf den Leim gehen, wenn er sich bitter über die ungerechte Lehrkraft beschwert, die immer nur ihn anmault! Viel eher werden sie ein klärendes Gespräch mit dir führen und dir anvertrauen, mit ihm ähnliche Probleme wie du zu haben. Gemeinsam könnt ihr dann eine Strategie entwickeln oder euch in Frieden darüber verständigen, dass Hasan eben gerade in einer schwierigen Phase steckt und Verständnis braucht.

SO KANN ES GEHEN

Bring den Eltern spürbar Wertschätzung entgegen.

- Empfange sie freundlich.
- Schaffe eine angenehme Atmosphäre.
- Sprich mit ihnen nicht von oben herab, auch wenn ihr Kind in deinen Augen ein schrecklicher Schüler ist.

Rücke bewusst Positives in den Fokus. Schick den Eltern auch mal eine Nachricht, wenn ihr Kind etwas Gutes getan hat. Das muss kein Riesenverdienst und kein langer Brief sein. Würdige kleine Erfolge.

Berichte Positives in Elternversammlungen und -gesprächen, auch wenn es nicht allzu viel Positives gibt.

Denk dir Tricks aus, um die Eltern in die Schule zu locken. Es gibt Eltern, die ihre Kinder am liebsten überallhin begleiten würden. Für viele Eltern aber ist der Besuch der Schule negativ besetzt. Weil sie selbst schlechte Erlebnisse als Schüler hatten und Angst haben, in der Schule mit Ähnlichem konfrontiert zu werden.

Schaff angenehme Anlässe für das Erscheinen in der Schule. Vielleicht hat die Klasse etwas einstudiert, vielleicht kann ein Projekt präsentiert werden. Wenn es gut geht, betteln die Kinder dann bei ihren Eltern um deren Erscheinen. Wenn es gut geht, kommen die Eltern in der Hoffnung, stolz auf den eigenen Sprössling sein zu können.

Schaff Traditionen. Warum nicht zu jedem Schuljahresende ein Klassenfest als schöne Tradition entwickeln und pflegen? Ohne Tagesordnung, ohne Sorgenfalten bei den Eltern, ohne strenge Miene bei den Lehrern. Ungezwungene Begegnung ist hier möglich, Kontaktbrücken werden hergestellt, die dir später – auch in Konfliktsituationen – von Vorteil sein können.

- Beteilige die Eltern an schulischen Aktionen, ohne sie unter Druck zu setzen. Wenn es sich ergibt, dass die Eltern einen Klassenausflug oder ein Projekt begleiten, nutz dies als Gelegenheit zu einem angenehmen und vertrauensvollen Miteinander. Achte aber darauf, dass kein Elternteil sich klein gemacht oder ausgegrenzt fühlen muss.

Versuche die Erfahrungen der Eltern zu nutzen.
- Zeig ihnen, dass dich interessiert, was sie erzählen.
- Zeig ihnen, dass du sie für kompetent hältst, was ihr Kind betrifft.

Nutz deine Möglichkeit, Einfluss zu nehmen. Der Einflussbereich von uns Lehrern erstreckt sich ja nicht nur auf die Lernenden, nein, er wirkt tief in das Umfeld der Schüler hinein, und damit bis zu den Eltern. Von dort übrigens auch wieder zurück.
- Erzähl den Eltern von deinen eigenen Versuchen, ein Problem wie ihres zu lösen.
- Berichte, was bei deinen eigenen Kindern oder denen von Bekannten geholfen hat.
- Erzähl ihnen von Beispielen gewaltfreier Kommunikation.
- Lass Eltern deine Einstellung zum Leben spüren, wenn du das Gefühl hast, ihnen so Gelassenheit und Stärke vermitteln zu können.

Mach dein Verhalten – vor allem in Konfliktsituationen – transparent. Wenn du dich Vorschlägen und Aufforderungen von Eltern nicht anschließt, dann nenne deine Beweggründe. Mach ihnen klar, dass es dein Verantwortungsbereich, deine Entscheidung ist!
Aber zeige auch Wertschätzung für die Hinweise von Eltern. Immerhin haben sie sich die Mühe gemacht, mit dir in Kontakt zu treten. Auch wenn sie vielleicht nicht immer den in deinen Augen angemessenen Ton treffen. Auch wenn sie sich erst mal nicht in deine Position hineinversetzen können.
Vergiss nicht, dass sie das Wohl *ihres Kindes* im Blickfeld haben. Sag ihnen aber klipp und klar, dass du die Belange einer *ganzen Klasse* im Auge behalten musst.

Sei nachsichtig mit den Eltern, wenn sie Fehler machen!

SO DENKEN WIR MANCHMAL

Leicht gesagt. Wenn die sich so schrecklich unangemessen benehmen. Wenn man mit denen doch gar nicht reden kann. Wo die ihren Erziehungsauftrag doch so gnadenlos an die Lehrer abdrücken.

STOPP!

Denk daran: Es könnte dein Kind und dein Fehlverhalten sein.
Wenn du ehrlich bist, zeigt auch dein eigenes Kind nicht immer Wohlverhalten. Und wenn du noch ehrlicher bist, bist auch du nicht immer gerecht den Lehrern deiner Kinder gegenüber. Ist eben alles eine Frage der Rollen.
Denk daran: Es könnten keine schlechten Absichten hinter den elterlichen Fehlern stecken.

In solchen Situationen platzt dir der Kragen? Antworten und Gespräche fallen barsch oder schnippisch aus? Du hast keine Lust mehr auf wertschätzende Gesten? Klar, Eltern können ganz schön nerven. Strecken ausgerechnet dann ihren Kopf unangemeldet durch die Klassenzimmertür, wenn endlich Ruhe erreicht, ein wichtiges Thema begonnen, eine sensible Situation aufgefangen ist. Und das womöglich, um eine überflüssige Frage zu äußern oder einen unangemessenen Vorwurf loszuwerden. Vielleicht wissen sie sich auch nicht zu benehmen. Poltern, telefonieren während der Schulaufführung, kauen Kaugummi in den heiligen Hallen der Schule, sprechen dich in ungehörigem Ton an.

SO KANN ES GEHEN

Versetz dich in kritischen Situationen in die Rolle der Eltern. Übe dich im Perspektivenwechsel. Ehe du die Wut in dir fütterst, lass folgende Gedanken zu:

- Habe ich die Situation wirklich richtig gedeutet? Vielleicht hat Svens Mutter den Brief einfach nicht verstanden. Vielleicht war dieser Vater an einem besonders wunden Punkt getroffen und zog deshalb so vehement vom Leder.

- Wie fühlt es sich für Eltern an, wenn sie – warum auch immer – von der Lehrkraft ihres Kindes getadelt werden?

Und nicht zuletzt: Was ist mein Ziel als Lehrkraft? Will ich „es denen zeigen"? Oder will ich „mit denen" im Gespräch bleiben? Will ich wirklich, dass sie sich klein und überflüssig fühlen? Will ich als Sieger aus der Situation hervorgehen? Will ich, dass sie es sich in Zukunft zehnmal überlegen, ob sie zu uns in die Schule kommen?

Äußere den Eltern und auch den Kollegen gegenüber Verständnis für elterliches Fehlverhalten. Wenn du selbst Mutter oder Vater bist, gib zu, dass auch du nicht alles richtig machst. Betone dabei aber, wie wichtig es dir ist, immer wieder aufs Neue um richtiges Elternverhalten zu ringen.

Wappne dich gegen mögliche Unverschämtheiten und Übergriffe. Bei allem Verständnis:

- Wenn Eltern außer Rand und Band geraten, musst du dich wehren.
- Wenn möglich, stell dich innerlich auf unverschämt auftretende Eltern ein. Versuche, das Gespräch so gelassen wie möglich anzugehen. Bereite dich gründlich vor. Schreib dir wichtige Dinge auf. Belege deine Sicht mit einer Dokumentation der fraglichen Vorfälle.
- Führe solche Gespräche nie allein, sondern bitte einen Kollegen dazu. Zwei Paar Ohren und Augen nehmen mehr wahr. Das Gespräch ist später zu zweit besser auszuwerten.
- Wenn du keine Chance hast, vorbereitet in das Gespräch zu treten, weil der Angriff aus dem Hinterhalt erfolgt, lass dich nicht in die Ecke drängen. Du musst nicht auf jeden Vorwurf sofort reagieren. Hör dir an, was die Eltern zu sagen haben. Bemühe dich, keine Angriffsfläche zu bieten. Bleib bei den Grundsätzen der gewaltfreien Kommunikation. (Siehe Literaturtipps)
- Du musst auch Entscheidungen nicht übereilt und sofort treffen. Wenn du spürst, du brauchst noch Zeit, um dir ein Bild von der entstandenen Situation zu machen, dann nimm sie dir.
- Beende das Gespräch, wenn es festgefahren ist. Vereinbare einen neuen Termin und zieh eine möglichst neutrale Person hinzu.

8

Zwei Seelen in einer Brust ODER **Helfen trotz Notenzwang**

Leistung messen, zensieren, Noten geben ... – verschiedene Wörter für ein und dieselbe Tatsache: Wir Lehrkräfte müssen unsere Schüler bewerten. Und wollen sie doch stärken und unterstützen.

SO DENKEN WIR MANCHMAL

Das kann doch gar nicht funktionieren – ein gutes Verhältnis zu den Schülern hinbekommen, ihnen von Herzen helfen wollen und sie gleichzeitig ununterbrochen einem gnadenlosen Ranking unterziehen.

Keine Frage: Zensuren schaffen eine schnelle Einschätzung von Leistung. Und: Wer eine gute Zensur hat, kann sich freuen.
Aber: Wer schlechte Noten erreicht, muss mit Enttäuschung, Scham und Minderwertigkeitsgefühlen kämpfen. Bekommt zu hören und zu spüren, dass er den Ansprüchen nicht genügt. Fühlt sich denen mit den guten Noten unterlegen. Und irgendwann werden Zensuren zum Selektionsinstrument. Wer zu schlechte Noten hat, schafft das Klassenziel nicht, muss wiederholen, sich in eine neue Gemeinschaft einleben. Wer zu schlechte Noten hat, schafft den Übertritt nicht, verpasst die gewünschte Schulart. Wer zu schlechte Noten hat, bringt sich um berufliche Chancen.
Noten haben also Gewicht!
Wie können wir Lehrer daran etwas ändern? Zensuren werden – je nach Bundesland früher oder später – zu treuen Schülerbegleitern. Lehrer müssen sie geben. Schüler müssen damit leben. Basta!
Wirklich? Nein! So einfach ist es nicht.
Schüler verkraften Zensuren ganz unterschiedlich. Ein und dieselbe Note kann zu Freude und Verdruss führen. Bekommt Elif in der Deutscharbeit eine Drei, ist sie ganz aus dem Häuschen. Sie hat in der Vergangenheit nur Vieren geschrieben. Die Note kann für sie ein Motivationsschub sein.
Hasan war bisher leistungsstark. Diesmal hat er Schwierigkeiten beim Bruchrechnen. Eine Drei in der Mathearbeit ist für ihn die schiere Katastrophe. Von einem Motivationsschub kann keine Rede sein. Er muss sein Selbstbewusstsein erst mal wieder aufpolieren. Ganz abgesehen davon, dass seine Eltern vermutlich enttäuscht reagieren, was sein Problem vergrößert.
Nicht selten resultieren aus schlechten Noten auch familiäre Missstimmung und Probleme. In schlimmen Fällen werden die schlechten Noten zum zentra-

len Thema. Gerne sagen Erwachsene dann „Du machst dir deine eigene Zensur!“, „Es ist deine Entscheidung, du hast es selbst in der Hand!“ oder „Wenn du nur mehr arbeiten würdest, wären deine Noten viel besser.“ STOPP!
Meist entsprechen solche Sprüche nur bedingt der Wahrheit. Schüler können nicht immer nachvollziehen, warum ihre Leistungen schlecht sind.
Schüler, die enttäuschende Noten bekommen, fühlen sich mies, auch wenn sie das nicht zeigen. Vielleicht fühlen sie sich ungerecht beurteilt – unabhängig davon, ob es stimmt. Sie können die Zusammenhänge nicht herstellen, die zu *dieser* Leistung geführt haben. Und … vergiss nicht: Sie sitzen tatsächlich am kürzeren Hebel!

Längst haben Studien belegt, dass viele Faktoren verantwortlich sind für Erfolg oder Misserfolg in der Schule. Es ist eben nicht immer der einzelne Schüler „schuld“, wenn die Noten schlecht sind. Leider spielt das häusliche Umfeld der Schüler noch immer eine große Rolle. Das ist nicht gerecht! Wir Lehrer können es nicht kompensieren. Aber wir können einiges tun, damit die Beziehung zu unseren Schülern trotz Notenzwang nicht in den Keller geht.
Längst haben auch die meisten Kultusministerien neue Empfehlungen zur Leistungsbeurteilung veröffentlicht, in denen – neben Zensuren – Lernberatungen und andere Parameter erwähnt werden. Ein Grund mehr, bei all den Zensuren wieder verstärkt den Lernenden in seinem Umfeld zu sehen.

SO KANN ES GEHEN

- Wenn du zensierst, dann erläutere deinen Schülern altersgemäß und ausführlich die Beurteilungskriterien für Arbeiten, Tests, Referate, Plakate oder andere Aufgaben.
- Schaffe möglichst transparente Kriterien. Sie geben den Schülern eine Orientierung und können ihnen zeigen, worauf es ankommt. Dies kann auch den Eltern helfen, den Lernstand ihrer Kinder einzuschätzen. Transparente Kriterien sollten aber vor allem den Schüler bekannt sein. Wissen sie, welche inhaltlichen Anforderungen auf sie zukommen, können sie diese gezielt beachten und an ihnen arbeiten. Das heißt nicht, dass sie die Aufgaben und Lösungen schon vorab bekommen. Aber die

Aufgabenstellungen und der Fragenkatalog sollten geübt sein, dann kann auch eine Transferleistung mit Prüfungsaufgaben gelingen.

- Klar, du übst ohnehin mit deinen Schützlingen, bis die Schwarte kracht. Aber vielleicht reicht die Zeit und du kannst eine Probearbeit vorschieben. Sie ermöglicht den Schülern, eine Ernstsituation im Schonraum zu erleben. Sozusagen einen Simultanflug. Für dich springt beim „Simultanfliegen" auch etwas heraus: Du weißt, was schon an Wissen „sitzt" und wo noch nachgebessert werden kann.
- Gib deinen Schüler so oft wie möglich die Gelegenheit, sich selbst einzuschätzen. Das kann sowohl schriftlich in Form eines selbstgeführten Lerntagebuchs erfolgen, als auch mündlich in regelmäßigen Einschätzungsrunden, z. B. in der letzten Stunde oder zum Wochenabschluss.
- Weck in ihnen das Interesse, herauszufinden, was sie schon können und wo es noch hapert. Eine kurze Umfrage kann ihren Blick auf das Geleistete richten und Impulse setzen: Wo kann ich mich verbessern? Das Referat habe ich gut hinbekommen, aber bei der Stillarbeit komm ich einfach nicht vom Fleck.
- Sei aber nicht enttäuscht, wenn deine Schüler mit kritischer Selbsteinschätzung noch nichts am Hut haben und sich anfangs gern überschätzen, um zu glänzen. Elif findet ihre mündliche Mitarbeit spitze, hat sich aber so gut wie nie gemeldet. Torsten macht einen zufriedenen Eindruck, gibt aber einen unvollständigen Erlebnisbericht ab. Vergiss nicht: Auch Selbsteinschätzung muss geübt werden, und ganz besonders die kritische.
- Bedenke immer: Kritische Selbsteinschätzung kann nur in einem Rahmen von Vertrauen und Angstlosigkeit gedeihen. Keiner möchte sich vor der ganzen Klasse blamieren. Fehler zuzugeben und sich Lücken einzugestehen, bedeutet sich zu öffnen.
- Nutze Gelegenheiten, mit deinen Schülern über ihre Leistungen ins Gespräch zu kommen.
- Entwickle – außer Zensuren – noch andere Leistungsstandmesser, die deinen Schülern in regelmäßigen Abständen zeigen, wie sie sich verbessert haben. In einer regelmäßigen Einschätzungsrunde können deine Schüler sich zum Beispiel zu ihrer Arbeitsweise äußern. Hake nach, wenn du eine andere Sicht auf ihre Leistungen hast. Hier öffnet sich ein Raum

der Selbstreflektion. Du wirst vielleicht erfahren, dass Steven eigentlich mit seinem Referat heute fertig werden wollte, seine Arbeit aber ständig unterbrochen hat. Frag ihn, was er braucht, um effektiver zu sein, und signalisiere, was er schon gut hinbekommen hat.

- Eine Auswertungsrunde muss nicht ewig dauern. Sie kann am Ende eines Schultages, einer Schulstunde oder am Ende der Woche kurz mündlich erfolgen und ermöglicht dir und den Schülern, den momentanen Arbeits- und Leistungsstand aus unterschiedlichen Perspektiven wahrzunehmen.
- Schriftliche Feedbacks zeigen den Schülern, dass sie auf dem richtigen Weg sind, und helfen ihnen, Fehler zu vermeiden. Das können zum Beispiel kleine Urkunden („Du bist Experte für ...") sein. Fertige einen kleinen Brief, eine kurze Mitteilung an den Schüler, wenn er sich angestrengt hat und eine Arbeit besonders gut geworden ist.
- Lass die Schüler je nach Alters- und Entwicklungsstand einen „Schatzordner", ein Portfolio führen, in dem all die Urkunden, Plakate, Mitteilungen, Briefe und gelungenen Werke gesammelt werden können. Holt in regelmäßigen Abständen die Schatzordner hervor, um sie zu präsentieren, zu würdigen und euch darüber zu freuen! Gerade die Schüler, aber natürlich auch dich, macht es stolz und selbstbewusst, wenn ein kleiner Erfolg betrachtet und daraus Kraft für neue Projekte geschöpft wird ... ganz ohne Zensuren.
- Stell deinen Schülern im Biologieunterricht einen Führerschein aus, wenn sie die erforderlichen Kenntnisse und den korrekten Umgang mit dem Mikroskop gelernt haben. Das kostet nicht viel Zeit und kann gut am Computer erledigt werden.
- Lobe deine Schüler, wenn du siehst, dass sie sich verbessert haben. Selbst wenn die Note noch immer schlecht ist, kann die subjektive Leistung erheblich besser sein als beim letzten Mal. sieben Fehler im Diktat sind eine gewaltige Leistungssteigerung im Vergleich zu den 15 im letzten Test. Würdige auch Verbesserungen im Verhalten, in der Arbeitsweise, in der Präsenz und in der Zuverlässigkeit.
- Schreibe den Eltern eine kurze Mitteilung, wenn du dich über eine Verbesserung oder auch nur über einen kleinen Schritt in die richtige Richtung gefreut hast.

- Sag deinen Schülern, wie sie sich verbessern können. Dies kann in einer mündlichen Lernberatung erfolgen oder in Zeugnisbriefen, in denen du deinen Schülern mitteilst, was sie schon gut können.
- Frag deine Schüler, was sie für ihren Erfolg benötigen. Was muss sich ändern, damit Hasan morgens pünktlich zur Schule kommt? Was braucht Evelyn, damit sie konzentrierter lernen kann? Allein mit der Frage nach Unterstützung werden Kinder für ihre Probleme sensibilisiert und spüren gleichzeitig, damit nicht allein zu sein. Es macht einen Unterschied, ob ich morgens Jonas anmeckere, weil er wieder ohne Hausaufgaben zur Schule kommt, oder ob ich mich erkundige, wie es zu Hause geht.
- Vergiss nie: Alle Probleme können wir Lehrer nicht lösen. Alles liegt auch nicht in unserem Handlungsspielraum. Aber das, was möglich ist, kann helfen, eine gute Beziehung zu den Schülern aufrechtzuhalten. Auch wenn es Vieren hagelt. Auch wenn der Vortrag in die Hosen ging.
- Mach dir immer wieder bewusst: Der Schüler ist nicht nur das, was er leistet. Lass dir die Beziehung zu deinen Schülern unter keinen Umständen durch schlechte Leistungen zerstören.
- Denk dran: Auch bei Leistungsbewertung und Lernberatungen spielt die verlässliche Beziehung zu unseren Schülern eine große Rolle! Schließlich macht es einen entscheidenden Unterschied, ob eine vertraute Person Kritik äußert oder mich lobt. Schüler spüren, ob du es ehrlich und gut mit ihnen meinst,
  - wenn du zwar mit Rot ihre Fehler im Diktat anstreichst, ihnen aber zutraust, es beim nächsten Mal besser hinzukriegen, bzw. ihnen zeigst, dass du sie auch magst, wenn die Note nicht besser wird,
  - wenn du ihnen Mut machst, eine schwierige Aufgabe in Angriff zu nehmen - vielleicht zu zweit, vielleicht im zweiten Anlauf,
  - wenn Eva sich nicht traut, das Gedicht alleine aufzusagen, und du ihr anbietest, sich ein oder zwei Partner auszusuchen und gemeinsam den Text abwechselnd darzubieten, während im Hintergrund ein passendes Bild gezeigt wird,
  - wenn sie Zeit zum Üben und Wiederholen haben,
  - wenn du ihnen eine Chance zur Verbesserung anbietest, zum Beispiel ein Übungsdiktat in Deutsch wiederholen lässt,

- wenn sie aus ihren Fehlern lernen dürfen, indem sie zum Beispiel im Mathematikunterricht zusätzliche Übungszeit bekommen, um in der verflixten Bruchrechnung endlich sicherer zu werden,
- wenn sie sich, auch und gerade beim Lernen, ausprobieren dürfen, indem sie zum Beispiel beim Recherchieren im Internet erst einmal Informationen zum Thema sammeln, dann die Recherche auswerten und die Informationen verarbeiten. Ohne dieses Ausprobieren nimmt man ihnen die Freude am Experimentieren und die Neugier auf Neues.

Wenn Klassenarbeiten, Tests, Referate, Lernzielkontrollen usw. über die Kinder hereinbrechen, klagen Eltern, Lehrer und Schüler über die immer knapper werdende Zeit und über Druck. Jede Schüleräußerung wird für die mündliche Mitarbeit herangezogen, jede Kunstarbeit bewertet, jede Partner- oder Gruppenarbeit beurteilt, Noten gibt's fürs Singen, Tanzen, für jede Rolle im Sportunterricht ... Kein Wunder, dass es schwerfällt, einen Lernenden in seiner gesamten Persönlichkeit zu sehen. Deshalb:

- Wann immer es dir möglich ist, schaffe und genieße bewertungsfreie Momente und/oder Phasen. Klassen- und Schülerfeste tragen dazu bei oder auch eine gelungene Klassenfahrt. Vor allem auf Ausflügen ergibt sich die Gelegenheit, mit Schülern weit weg von Bewertungen in Kontakt zu treten. Freu dich hierbei über jede positive Eigenschaft, die zutage tritt.
- Reduziere die bewertungsfreie Zeit aber nicht nur auf Ausflüge und Feste. Auch während des normalen Unterrichtsalltags sollte es nicht immer nur um Bewertung gehen. Stell dir einfach vor, du stündest in deinem Beruf oder in deiner privaten Rolle als Ehepartner/Vater/Mutter unablässig unter Kontrolle, jede deiner Handlungen und Äußerungen würde beobachtet und bewertet. Spürst du den Stress, den dies verursacht? Verstehst du jetzt vielleicht ein bisschen besser, warum viele Schüler sich in Gleichgültigkeit und Abgestumpftheit flüchten?
- Mach deinen Schülern Mut, indem du ihnen von Menschen erzählst, die in der Schule – zeitweise oder dauerhaft – wenig erfolgreich waren und es dennoch zu etwas gebracht haben. Klar, dass du ihnen dabei nicht den Eindruck vermittelst, dass Faulenzen sich lohnt. ;-)

Nachwort

Wir hoffen, dass dir das Lesen dieses Buches Spaß gemacht hat, liebe Kollegin, lieber Kollege, und du nun mit mehr Gelassenheit und Achtsamkeit im Schulalltag belohnt wirst.
Da wir es aber nicht beim Hoffen belassen wollen, ermuntern wir dich ausdrücklich:

- Tritt mit uns in Austausch!
- Stelle deine Fragen!
- Teile uns Kritik, Ergänzungen oder gar Lob mit!

Wir freuen uns darüber – und bemühen uns, alle Rückmeldungen zu beantworten.

Schreib bitte eine Mail an: email@h-brosche.de oder kastenjeanett@yahoo.de

Mit freundlichen, kollegialen Grüßen
Heidemarie Brosche und Jeanett Kasten

Literaturtipps

- *Autorenteam des nlpaed* (2014): Klasse Stimmung! Verlag an der Ruhr
- *Eichhorn, Christoph* (2013): Chaos im Klassenzimmer. Classroom-Management: Damit guter Unterricht noch besser wird. Klett-Cotta
- *Hattie, John* (2013): Lernen sichtbar machen. Schneider
- *Hüther, Gerald / Hauser, Uli* (2012): Jedes Kind ist hoch begabt. Knaus
- *Juul, Jesper* (2013): Schulinfarkt. Kösel
- *Krüll, Caroline / Schmid-Egger, Christian* (2013): Körpersprache – Das Trainingsbuch. C. H. Beck
- *Precht, Richard David* (2013): Anna, die Schule und der liebe Gott. Der Verrat des Bildungssystems an unseren Kindern. Goldmann
- *Rosenberg, Marshall B.* (2012): Gewaltfreie Kommunikation – eine Sprache des Lebens. Junfermann
- *Schulz von Thun, Friedemann* (1981): Miteinander reden: Störungen und Klärungen, Psychologie der zwischenmenschlichen Kommunikation. Rowohlt
- *Singer, Kurt* (1998): Die Würde des Schülers ist antastbar – Vom Alltag in unseren Schulen – und wie wir ihn verändern können. Rowohlt
- *Spenner, Philip Oprong* (2011): Move on up: Ich kam aus dem Elend und lernte zu leben. Ullstein
- *Stähling, Reinhard:* Lob des Fehlers. http://reinhard-staehling.de/html/grundschulverband2.htm
- *Terhart, Ewald* (Hrsg.) (2014): Die Hattie-Studie in der Diskussion. Kallmeyer

Glossar

- **Achtsamkeit**

Eine bestimmte Form der Aufmerksamkeit, die absichtsvoll ist, sich auf den gegenwärtigen Moment bezieht und nicht wertend ist

- **Akzeptanz**

Bereitschaft, etwas oder jemanden zu akzeptieren (anzunehmen, anzuerkennen); Annahme von Dingen und Geschehen, die du nicht ändern kannst oder willst

- **Anerkennung**

Im Erkennen liegt der Schlüssel für ein tiefes Verstehen. Anerkennung wird auch als Synonym für Akzeptanz, Lob oder Respekt verwendet und sollte sich im Kontext Schule nicht nur auf die Schülerleistung beziehen.

- **Authentizität**

Echtheit und Vertrauenswürdigkeit

- **Beziehung**

Relation zwischen verschiedenen Objekten oder Individuen; auch unterschiedliche Bindungsformen, z. B. Eltern-Kind-Beziehung oder Lehrer-Schüler-Beziehung. Der dänische Familientherapeut Jesper Juul fordert eine neue, moderne Erziehungskultur – weg vom Gehorsam, hin zur Verantwortung. Er plädiert für BEziehung statt ERziehung. Beziehungskompetenz erfordert, dass man sich für sein Gegenüber interessiert, dass man es mit all seinen Gedanken und Empfindungen ernst nimmt.

- **Burnout**

Ein Burnout-Syndrom (engl. *burn out:* ausbrennen) bzw. Ausgebranntsein ist ein Zustand großer emotionaler Erschöpfung mit reduzierter Leistungsfähigkeit.

- **Coaching**

Der Begriff Coaching (engl. *coach:* betreuen, trainieren) bezeichnet eine Vielzahl von Trainings- und Beratungskonzepten zur Entwicklung und Umsetzung persönlicher oder beruflicher Ziele und der dazu notwendigen Kompetenzen.

- **Delegieren**

Zuständigkeiten übertragen; Mittel zur Arbeitsteilung; Entlastung

- **Demografische Entwicklung**

Tendenzen der Bevölkerungsentwicklung hinsichtlich Altersstruktur, Verhältnis Männer/Frauen, Anteile von Inländern/Ausländern/Eingebürgerten, Geburten-/Sterbefallentwicklung, Zu-/Fortzüge

- **Differenzierung**

Dieser Begriff aus der Didaktik bezeichnet die Bemühungen, durch organisatorische und methodische Maßnahmen den individuellen Begabungen, Fähigkeiten, Neigungen und Interessen einzelner Schüler oder Schülergruppen innerhalb einer Schule oder Klasse gerecht zu werden. Man unterscheidet dabei zwischen Formen der Binnendifferenzierung (Maßnahmen zur Differenzierung im Unterricht) und äußeren Differenzierung (Maßnahmen zur Einteilung der Schüler in möglichst homogene Gruppen, zum Beispiel Jahrgangsklassen, Förderkurse, aber auch in verschiedene Schularten).

- **Eigenverantwortung**

Möglichkeit, Fähigkeit, Bereitschaft und Pflicht, für das eigene Handeln, Reden und Unterlassen Verantwortung zu tragen

- **Engagement**

Intensiver Einsatz für eine Sache

- **Entspannung**

Abbau körperlicher und seelischer Anspannung und somit weniger Gefühl von Stress

- **Gelassenheit**

Innere Einstellung: die Fähigkeit, vor allem in schwierigen Situationen die Ruhe zu bewahren

- **Gewaltfreie Kommunikation**

Der Kommunikationsfluss soll zu mehr Vertrauen und Freude am Leben führen. Andere Menschen sollen nicht in erster Linie zu einem bestimmten Handeln bewegt werden, sondern durch eine wertschätzende Beziehung zu mehr Kooperation im Zusammenleben.

- **Körpersprache**

Alle Formen der Gestik, Körperhaltung und Körperbewegung, z. B. Händedruck, Sitzposition und -haltung, Haltung von Armen, Beinen und Füßen, Spiel mit den Händen, Fingern und Gegenständen, Kopfhaltung, Blickkontakt und Mimik

- **Mediation**

Freiwilliges Verfahren zur konstruktiven Beilegung eines Konfliktes, bei dem die Konfliktparteien mithilfe einer dritten „allparteilichen" Person, dem Mediator, zu einer gemeinsamen Vereinbarung gelangen, die ihren Bedürfnissen und Interessen entspricht

- **Meditation**

Eine in vielen Religionen und Kulturen ausgeübte spirituelle Praxis, bei der sich durch Achtsamkeits- oder Konzentrationsübungen der Geist beruhigen und sammeln soll

- **Migration**

Dauerhafter Wohnortwechsel von Menschen, oft über Ländergrenzen

- **Motivation**

Streben des Menschen nach Zielen oder wünschenswerten Zielobjekten; Beweggründe (Motive), die zur Handlungsbereitschaft von Menschen führen. Man unterscheidet die intrinsische Motivation, bei der der Mensch etwas um der Sache selbst willen tut, z. B. weil es ihm Spaß macht oder eine Herausforderung darstellt, und die extrinsische Motivation, bei der Leistungen erbracht werden, weil man sich eine Belohnung erhofft oder eine Bestrafung vermeiden möchte.

- **Nachhaltiges Lernen**

Gelerntes zeigt eine lang anhaltende bzw. dauerhafte Wirkung.

- **Parentifizierung**

Rollenumkehr zwischen Eltern und Kind. Die Eltern weisen dem Kind eine nicht kindgerechte und vor allem überfordernde „Eltern-Rolle" zu.

- **Perspektivenwechsel**

Eine Sache von einem anderen Standpunkt als bisher betrachten

- **Potentialentfaltung**

Entfaltung der Möglichkeiten, die jedem Menschen von Geburt an innewohnen. Damit diese Möglichkeiten genutzt werden, muss man einem Kind laut Prof. Gerald Hüther eine Welt bieten, in der es Gelegenheit bekommt, möglichst viele der in seinem Gehirn angelegten Vernetzungsoptionen zu stabilisieren – durch interessante Angebote und die Möglichkeit, selbst zu entscheiden, welches dieser Angebote es aufgreifen will.

- **Psychosomatik**

Lehre, dass psychische (seelische) Verhaltens- und Reaktionsweisen in Beziehung zu körperlichen Vorgängen gesetzt werden

- **Präsenz**

Anwesenheit, Zugegensein, auch geistige Wachheit und körperliche Ausstrahlung(skraft)

- **Resilienz**

Widerstandskraft gegen widrige Lebensumstände. Es gibt eine Reihe von Faktoren, die die Resilienz eines Menschen beeinflussen, so seine Familie, seine Kultur, seine schulische Umgebung, seine Intelligenz, vor allem die emotionale Intelligenz. (Vergleiche: Vulnerabilität)

- **Ressourcen**

Natürlich vorhandener Bestand von etwas, was für einen bestimmten Zweck benötigt wird; materielles oder immaterielles Gut; in der Psychologie auch Fähigkeiten, Charaktereigenschaften oder eine geistige Haltung

- **Selbsteinschätzung/Selbstreflexion**

Nachdenken über sich selbst und dabei auch kritisches Hinterfragen und Beurteilen des eigenen Denkens, der eigenen Standpunkte und Handlungen (Selbstkritik)

- **Selbstwirksamkeit**

Bewusster Glauben eines Menschen daran, mit seinen Handlungen etwas bewirken zu können und künftige Situationen zu meistern

- **Stress**

Psychische und physische Reaktionen bei Lebewesen, die zur Bewältigung besonderer Anforderungen befähigen, aber auch die dadurch entstehende körperliche und geistige Belastung

- **Stressbewältigung**

Methoden, um psychisch belastenden Stress zu verringern oder ganz abzubauen

- **Supervision**

Beratung für Mitarbeiter, unter anderem in psychosozialen Berufen, die durch einen qualifizierten Supervisor geleitet wird – mit dem Ziel, berufliches oder ehrenamtliches Handeln so zu prüfen und zu verbessern, dass psychischer und physischer Schaden vermieden wird

- **Unterstützungssysteme**

Organisierte Hilfeleistung im sozialen Bereich. Es gibt Selbsthilfe-Unterstützungssysteme, Unterstützungssysteme im Rahmen von Beratung, Bildung und Therapie und in Form institutionalisierter Netzwerke.

- **Vulnerabilität**

Negatives Gegenstück zur Resilienz. Vulnerabilität bedeutet, dass ein Mensch besonders leicht durch äußere Einflüsse seelisch zu verletzen ist. Vulnerable Personen neigen besonders stark dazu, psychische Erkrankungen zu entwickeln. (Vergleiche: Resilienz)

- **Wertschätzung**

Positive Bewertung, die den Menschen als Ganzes betrifft und eher unabhängig von Taten oder Leistung ist. Wertschätzung ist verbunden mit Respekt, Wohlwollen und Anerkennung und drückt sich aus in Zugewandtheit, Interesse, Aufmerksamkeit, Freundlichkeit.

- **Work-Life-Balance**

Zustand, in dem Arbeits- und Privatleben miteinander in Einklang stehen (Balance: Gleichgewicht)

- **Zeitmanagement**

Vorgehensweisen, die dabei helfen sollen, anstehende Aufgaben und Termine innerhalb des zur Verfügung stehenden Zeitraums gut zu bewältigen

Lernstoff
ist oft
nicht so wichtig,
wie er
scheint.

Schule ist
ein Lebensraum,
in dem die Schüler
viel Lebenszeit
verbringen.

Es gehört
zu meinen
Aufgaben, nach
Kräften
für eine gute
Eltern-Lehrer-
Kommunikation
zu sorgen.

Ich betrachte
Fehler
von Schülern
nicht als
Zumutung,
sondern als
Wegweiser.

Ich erwarte
nichts Großes
und erfreue mich
an winzigen
Erfolgen.

Gelegenheiten
zum Lachen –
vor allem auch mit
den Schülern –
nutze ich
bereitwillig.